R. P. REYNIER

DU TIERS-ORDRE ENSEIGNANT DE SAINT-DOMINIQUE

VIE
DU
R. P. CAPTIER

PREMIER ASSISTANT

DU TIERS-ORDRE ENSEIGNANT DE SAINT-DOMINIQUE

FONDATEUR DE L'ÉCOLE D'ARCUEIL

Massacré le 25 Mai 1871

Omnia possum in eo qui me confortat.
(Devise du P. Captier. S. Paul. *Phil.* iv, 13.)
Allons, mes amis, pour le bon Dieu.
(*Dernières paroles du* R. P. Captier.)

PARIS

J. ALBANEL ET ED. BALTENWECK

LIBRAIRES-ÉDITEURS

7, RUE HONORÉ-CHEVALIER, 7

VIE

DU

R. P. CAPTIER

APPROBATION

Nous soussignés, avons lu, par ordre du T. R. P. Vicaire général du Tiers-Ordre enseignant de S. Dominique, la *Vie du R. P. Captier* écrite par le R. P. Th. D. Reynier. Nous l'avons jugée digne de l'impression, et nous espérons que Dieu produira par ce livre des fruits de grâce, de force et de salut.

Arcueil, le 20 mai 1875.

Fr. Albert Houlès
T. O. S. D.
Assistant, Prieur de l'école Albert-le-Grand.

Fr. A. Rousselin
T. O. S. D. Régent des Etudes.

IMPRIMATUR :

Fr. Laur. Lécuyer
Vic. gén. T. O. S. D.

PARIS. — JULES LE CLERE ET Cie, IMPRIMEURS DE N. S. P. LE PAPE
ET DE L'ARCHEVÊCHÉ DE PARIS, RUE CASSETTE, 29.

R. P. REYNIER

DU TIERS-ORDRE ENSEIGNANT DE SAINT-DOMINIQUE

VIE
DU
R. P. CAPTIER

PREMIER ASSISTANT
DU TIERS-ORDRE ENSEIGNANT DE SAINT-DOMINIQUE
FONDATEUR DE L'ÉCOLE D'ARCUEIL
Massacré le 25 Mai 1871

Omnia possum in eo qui me confortat.
(Devise du P. Captier. S. PAUL. *Phil.* IV. 13.)
Allons, mes amis, pour le bon Dieu.
(*Dernières paroles du* R. P. CAPTIER.)

PARIS
J. ALBANEL ET ED. BALTENWECK
LIBRAIRES-ÉDITEURS
7, RUE HONORÉ-CHEVALIER, 7

Droits de traduction et de reproduction réservés.

LETTRE

DE SON ÉMINENCE LE CARDINAL ARCHEVÊQUE DE PARIS.

Paris, le 7 mai 1875.

Mon Révérend Père,

Vous m'avez communiqué le dessein que vous avez conçu de publier la Vie du Père Captier, *et je tiens à vous féliciter de cette entreprise, qui est à la fois un acte de justice et une œuvre d'édification. La justice demande qu'un public hommage soit rendu à la mémoire de ce digne religieux, qui sut mourir comme il avait vécu,* « pour le bon Dieu »; *et le plus bel hommage qu'on puisse rendre à sa glorieuse mort, c'est de faire connaître sa sainte vie. Mais c'est travailler en même temps à l'édification com-*

mune que de révéler dans ses détails cette existence toute vouée au fécond labeur de l'éducation chrétienne. Les exemples que votre récit mettra sous nos yeux ne peuvent manquer de susciter à cette sainte cause de nouveaux défenseurs prêts à la servir, comme le Père Captier, jusqu'au sacrifice complet d'eux-mêmes, dans la vie et dans la mort.

Je vous bénis, mon cher Père, et vous renouvelle l'assurance de mes sentiments affectueux.

† J. HIPP. *Card. arch. de Paris.*

Au Révérend Père Lécuyer, supérieur de l'Ecole Albert-le-Grand, à Arcueil.

PROTESTATION

En employant dans cet ouvrage le titre de saints e de martyrs notamment à l'égard des victimes massacrées à Paris en mai 1871, l'auteur déclare n'avoir entendu préjuger aucunement la décision officielle de l'Eglise, et se soumettre d'esprit et de cœur, tant au décret du pape Urbain VIII sur cette matière, qu'à toutes les décisions du Saint-Siége apostolique, juge infaillible de la foi.

VIE
DU R. P. CAPTIER

CHAPITRE PREMIER

Les parents d'Eugène Captier. — Sa première éducation dans la famille.

« La première influence qui se penche sur l'enfant au berceau laisse en lui une marque, un signe, un germe de son avenir moral. La première caresse qu'il reçoit est une semence d'égoïsme ou de dévouement..... Bénies soient les familles dans lesquelles les plus vives tendresses se sont donné pour but d'éveiller par leur chaste contact la conscience immaculée de l'enfant! Tant vaut la conscience de l'enfant, tant vaut son cœur, tant vaut son avenir (1). »

Tel est le langage que tient constamment le

(1) Le P. Captier, *Discours et conférences sur l'éducation*, p. 206.

P. Captier, quand il parle de la famille aux prises avec les devoirs de la première éducation. Tous ceux qui ont eu le bonheur de l'entendre ont compris, à l'accent ému avec lequel il traitait ces questions intimes, qu'elles éveillaient en lui des souvenirs toujours vivants, et que cet idéal esquissé avec tant d'amour, il l'avait contemplé jadis de ses propres yeux. Aussi manquerait-il quelque chose à sa biographie, si, avant de la commencer, nous n'arrêtions un instant nos regards sur le foyer modeste et chrétien que Dieu avait choisi pour abriter son berceau.

En 1818, M. Jérôme-Emmanuel Captier, issu d'une honorable famille de Marcigny (Saône-et-Loire), avait épousé Mlle Antoinette-Sylvie Garnoud, fille de M. Pierre Garnoud, alors notaire à la résidence de Tarare. Il s'était fixé auprès de son beau-père et peu après lui avait succédé dans sa charge.

Trois enfants naquirent de cette union : d'abord une fille, qui fut nommée Anaïs et que nous retrouverons dans la suite de ce récit; puis un fils, appelé Arthur, qui entra dans les ordres : il remplit aujourd'hui à Rome les fonctions de procureur général de la compagnie de Saint-Sulpice; le troisième enfant fut celui dont nous écrivons la vie,

François-Eugène Captier, qui vint au monde le 9 octobre 1829.

Le chef de la famille était un homme de loi dans toute la force du terme. Il avait le culte de la justice et de la légalité, une science étendue du droit, un jugement sûr, une rare prudence et une inflexible droiture. Il joignait à cela le respect de sa profession et un soin scrupuleux d'éviter tout ce qui aurait pu en compromettre l'honneur. Ame ferme et même un peu austère, il cachait, sous un abord froid et des manières réservées, un cœur vraiment bon. C'était pour lui un plaisir de rendre service, surtout aux petites gens dans l'embarras, dont il prenait en main les intérêts, comme il eût fait pour les siens propres. Capable d'occuper des emplois plus relevés, il était satisfait de sa position médiocre, ayant mis son ambition, non à conquérir des postes brillants, mais à s'acquitter parfaitement des devoirs qu'il avait à remplir.

Sans avoir reçu ces profondes impressions religieuses qui datent de l'enfance et sont le fruit d'une éducation fortement chrétienne, M. Captier avait pourtant la foi. La religion était pour lui un genre spécial de loi dont il respectait l'autorité et à laquelle il conformait sa conduite. Jamais du reste il n'hésita à faire profession de sa croyance, aussi bien dans sa vie publique que dans sa vie privée. On le vit, durant les premières années qui suivirent la révolution de 1830, défendre seul, au conseil municipal de sa petite ville, les Frères de la Doctrine chrétienne dont on voulait proscrire l'enseignement. Entré par son mariage dans une famille profondément croyante et témoin attentif des vertus aimables qui se pratiquaient autour de lui, il sentit, à mesure qu'il avançait en âge, ses convictions religieuses s'affermir et se fortifier. Du reste, il était peu à sa famille; c'est à peine si, le soir, après une journée toute absorbée par les affaires, il venait passer quelques instants au milieu des siens. L'exemple d'une vie sérieuse, régulière, bien remplie, toujours marquée au coin de la gravité et de la dignité, telle fut sa part dans l'éducation de ses enfants.

A côté de lui vécut longtemps M. Garnoud, son beau-père. Il avait l'esprit, le caractère et la merveilleuse santé des hommes d'autrefois. Avec son naturel heureux, son imagination riante et toujours jeune, son humeur gaie, il semblait né pour faire le bonheur de ceux qui l'entouraient. Plein de saillies et d'entrain, affectueux et aimable dans ses paroles et dans ses manières, il paraissait, en cherchant à complaire à tous, ne faire que suivre la pente de son cœur. Les nombreuses traverses dont sa vie avait été semée n'avaient aucunement altéré sa sérénité. La Providence l'avait toujours si bien gardé au milieu de tant de périls, que c'était pour lui comme un droit acquis de ne plus s'inquiéter de rien. Il descendait tranquillement le cours du temps, occupant ses loisirs par la lecture, le soin de son jardin et le commerce de ses nombreux amis, et payait les siens des soins et des attentions dont il était l'objet par la douce joie que sa présence entretenait autour de lui.

Mais le vrai centre de la famille était Mme Captier, qui formait avec son mari et avec son père un contraste frappant.

Mme Captier portait une grande âme dans un corps frêle, auquel elle accordait trop peu de soins et aucune délicatesse. Un esprit d'une distinction rare, une imagination vive, un goût littéraire très pur, l'amour des arts, de la musique spécialement, dans laquelle elle excellait, s'unissaient en elle aux qualités les plus sérieuses de son sexe. A tous ces avantages la religion, qui dominait et transfigurait sa vie, ajoutait ce quelque chose de grave, de doux et de fort tout à la fois, qui fait la supériorité de la femme chrétienne. Cette supériorité, tout le monde la reconnaissait, tout le monde la subissait, d'autant plus volontiers que Mme Captier l'oubliait elle-même pour ne penser qu'à autrui. Les relations de société, communément si frivoles, étaient pour elle une sorte d'apostolat dans lequel elle déployait autant de zèle que de pieuse adresse. Tout éprise de Dieu et des beautés de notre sainte religion, elle faisait sans effort concourir chacun de ses actes à la vie surnaturelle. De là un point de vue unique et très-élevé, d'où elle considérait tout; de là son mépris pour les vanités, son zèle pour tout bien, son perpétuel dévouement; de là enfin les œuvres si nombreuses et si parfaites de sa trop courte existence.

La vertu dominante de Mme Captier était la charité: elle l'exerçait sans relâche, en se donnant elle-même avec une générosité qui ne s'arrêtait même point à la limite de ses forces. Cette charité ne se bornait pas au cercle restreint de ses amis; elle se répandait sur toute misère, et l'on peut dire que tous ceux qui souffraient appartenaient à la grande famille de cette mère de miséricorde. Le soulagement des malheureux, dans lesquels sa foi voyait les membres affligés de Jésus-Christ, a été la grande sollicitude de sa vie. Leurs nécessités lui étaient toujours présentes, et cette pensée ne lui laissait pas de repos. De tels soins sans cesse renaissants épuisaient ses forces et comprommettaient sa santé. Son mari et sa fille en gémissaient tout bas, sans pouvoir toutefois modérer l'ardeur de son zèle. On essayait bien quelquefois d'arrêter les personnes dont elle avait fait ses aides de camp dans l'exercice de la charité, et d'intercepter les tristes nouvelles qu'elles venaient lui apporter; mais en vain : elle cherchait la misère, comme la misère la cherchait, et tout finissait par lui arriver.

Ce n'est pas, toutefois, qu'elle négligeât pour cela ses devoirs de famille. Une telle femme, on le conçoit, ne pouvait être une mère indifférente ou médiocre. Son premier soin était celui de ses enfants; son œuvre principale, l'éducation de sa fille, dont elle se chargea entièrement elle-même, et celle de ses deux fils qu'elle voulut au moins commencer. Cette tâche aimée, elle s'appliqua à la remplir avec toute l'ardeur de dévouement qui était dans sa nature. Elle avait, on peut le dire, au plus haut degré, la grâce de son état, le sens de l'éducation et un don particulier pour former les âmes; héritage qu'elle semble avoir transmis à celui de ses enfants qui lui coûta peut-être le plus de peine, mais dans lequel aussi elle laissa une plus profonde empreinte d'elle-même.

Eugène était venu au monde languissant et maladif. Dans son enfance divers accidents vinrent aggraver cette infirmité native et compromettre une santé déjà si faible. Toutes les misères du premier âge l'assaillirent; et ce ne fut qu'au prix de soins incessants qu'on put lui conserver une vie toujours menacée.

Des conditions physiques aussi défavorables ne pouvaient manquer de réagir sur le moral de l'enfant. Aussi, — nous ne ferons point difficulté de l'avouer, — il ne ressemblait en rien à ces petits prodiges dont les qualités enfantines et les facultés précoces semblent pleines de promesses que l'avenir ne réalise presque jamais. Tout au contraire, les dons si riches de la nature et de la grâce que Dieu lui avait départis demeurèrent longtemps enfouis au fond de son âme. Ce n'est qu'après de longues et pénibles années qu'il se révéla ce qu'il était. Ne semble-t-il pas que Dieu, l'ayant destiné à être un puissant éducateur de la jeunesse, ait voulu d'abord montrer en sa personne ce que peut une éducation vraiment digne de ce nom, et tout à la fois le préparer lui-même, par une expérience intime, à l'art de former les hommes ? C'est en se plaçant à ce point de vue que les détails minimes qui se rapportent à ses premières années nous paraissent avoir leur importance et leur intérêt.

Faible et maladif, comme nous l'avons dit, Eugène n'avait pas même dans ses jeux l'entrain et la vivacité qu'on remarque chez les enfants de son âge. Son esprit se développait lentement et difficilement. Craintif à l'excès, un peu triste et renfermé en lui-même, il manquait de cette spontanéité et de cet épanouissement qui font une grande part de l'amabilité de l'enfance. Aussi Mme Captier disait-elle un jour tristement : « Il faut que je l'aime beaucoup, mon pauvre Eugène, car qui est-ce qui l'aimera plus tard ? » Elle ne prévoyait point, cette excellente mère, à quel point ce fils, objet de ses inquiètes sollicitudes, devait un jour tromper toutes ses craintes et surpasser toutes ses espérances.

On pouvait cependant démêler dès lors dans ce jeune enfant certains indices de ses qualités futures et quelques traits de sa physionomie morale. Quoique en retard sous bien des rapports, il avait néanmoins, si l'on peut ainsi dire, une personnalité prématurée. Elle se montrait dans ses idées, dans ses inventions enfantines, dans un sérieux qui n'était pas de son âge, et dans une certaine trempe d'âme intrépide qui se faisait jour au travers de sa timidité. Après une de ces scènes comme il en donnait souvent, sa mère lui dit en l'attirant dans ses bras : « Mais à qui donc ressembleras-tu, mon pauvre enfant ? — Je ressemblerai à moi, » répondit-il d'un air résolu et avec un sérieux parfait. Ce ne fut point une vaine parole ; chaque jour apportait une preuve nouvelle que de fait il ne ressemblait à personne.

Malgré ses goûts sérieux, Mme Captier comprenait à merveille les besoins de la jeunesse. Elle se plaisait à grouper autour de sa chère Anaïs une élite de compagnes choisies et à leur donner les plus jolies fêtes. L'été, ces réunions se faisaient au *Clos*, charmant jardin près de la ville. Là on goûtait gaiement, on faisait des rondes joyeuses, on chantait les compositions musicales des meilleurs maîtres. L'hiver, la soirée se passait au salon : elle commençait par le travail pour les pauvres, pendant que l'une des invitées lisait à haute voix quelque bon livre religieux ou littéraire ; puis venaient des jeux plus bruyants, auxquels les deux frères étaient conviés. Mais souvent Eugène refusait son concours, il s'écartait en faisant la moue malgré les instances et de sa mère et de sa sœur. C'est dans une de ces circonstances que Mme Captier lui dit : « Mon pauvre enfant, feras-tu jamais un homme comme un autre ? »

Cette première éducation laissa dans l'âme d'Eugène une fidèle et profonde empreinte. La famille fut véritablement pour lui l'école du respect, parce qu'il rencontra dans la diversité des caractères et des affections cette unité suprême que donne la foi pratique et nettement formulée.

« Qu'est-ce qui fait, disait-il plus tard, que le père et la mère sont entourés ensemble d'une même majesté, qu'ils ont devant Dieu et leur enfant une sorte d'égalité admirable? C'est que dans les choses essentielles ils pensent de même; c'est qu'ils pratiquent la même doctrine; c'est qu'il n'y a point de différence entre les affirmations de l'un et les affirmations de l'autre. L'enfant n'entend proclamer qu'une vérité, il ne sent battre qu'un cœur et il entoure de la même vénération son père et sa mère. Car ce n'est pas l'or et l'argent, les habitations splendides, les fêtes somptueuses, les équipages; ce n'est point le luxe et la richesse de la maison paternelle qui inspirent le respect à l'enfant. Ce qui fait le respect, c'est le spectacle de la vie intime de ses parents. L'enfant voit à peine son père; il n'est, pour ainsi dire, plus à sa mère, dans cette vie extérieure d'affaires et de plaisirs; c'est au foyer domestique qu'il les retrouve, qu'il les a bien à lui. Là, dans cette vie intime qui se compose du père, de la mère, des enfants et quelquefois des ancêtres, si Dieu a accordé cette bénédiction à la famille, les esprits se confondent en quelque sorte, les cœurs s'épanchent l'un dans l'autre; et alors, ce qui se dit dans ces moments ineffables, dans ce tête à tête qu'on voudrait ne voir jamais finir, ce qui s'échange d'urbanité, de tendresse, de sentiments gracieux, doux et forts, on ne peut l'imaginer. Voilà la famille, voilà ce qui est l'âme de la famille. Devant un tel spectacle, l'enfant ne peut point ne pas devenir meilleur (1). »

(1) *Discours et conférences*, p. 408.

CHAPITRE II

Oullins. — La première communion. — Mort de Mme Captier. — Les premiers maîtres d'Eugène. — Son caractère et ses aptitudes commencent à se manifester.

Lorsque l'âge eut rendu nécessaire un enseignement plus étendu et un travail plus suivi, le temps et la science de la mère de famille n'y suffisant plus, Mme Captier dut chercher autour d'elle qui la suppléerait et continuerait son œuvre auprès de ses fils. La ville de Tarare n'offrait, à ce point de vue, que des ressources très-restreintes. Mais on avait à peu de distance Lyon, la grande cité chrétienne, qui comptait déjà au nombre de ses œuvres religieuses plusieurs maisons d'éducation dont la renommée s'étendait dans toute la région environnante. Le choix de Mme Captier s'arrêta sur la plus récente de ces institutions, placée sous le patronage de S. Thomas d'Aquin, et qu'on nommait le plus ordinairement le collége d'Oullins. Sa préférence fut déterminée par l'appréciation que cette mère prudente avait pu faire du caractère d'un des principaux fondateurs, M. l'abbé Dauphin (1).

Cet établissement, alors très-prospère, avait eu de bien humbles commencements. Quelques années auparavant, en 1833, une société de jeunes ecclésiastiques s'était réunie dans une maison du village et y avait reçu neuf élèves. Un peu plus tard ils avaient transporté leur fondation dans un château délaissé appartenant aux hospices de Lyon : c'était le *Perron*, dont le nom resta longtemps à la jeune école. Elle s'y accrut rapidement, en dépit et peut-être un peu par suite des vives oppositions que soulevèrent de toutes parts ses allures un peu nouvelles. Il fallut donc l'installer dans un local plus beau et plus vaste : on choisit le château d'Oullins, qu'on appelait encore l'Archevêché (2). Cet asile de l'enfance et de la jeunesse du P. Captier, devenu plus tard le théâtre de ses premiers travaux, a été décrit par M. l'abbé Dauphin, dans un

(1) Aujourd'hui chanoine du chapitre de Saint-Denis.
(2) Le château d'Oullins n'a jamais appartenu à l'Église, mais il fut la propriété personnelle de deux archevêques de Lyon, le cardinal du Tencin et Mgr Malvin de Montazet. C'est là que vint mourir l'académicien Thomas, entre les bras de Ducis qui composa sous les ombrages d'Oullins l'une de ses plus touchantes élégies, l'*Épître à l'Amitié*. (M. Dauphin, *Notice sur le château d'Oullins.*)

opuscule où il raconte en même temps les débuts de sa fondation.

« Le château d'Oullins s'élève à une lieue de Lyon, sur une colline d'où la vue embrasse un des plus riches et des plus beaux horizons connus. Au nord et derrière la longue avenue de Perrache, Lyon se laisse voir dans la brume, avec son dôme de l'Hôtel-Dieu et sa belle cathédrale, avec son vieux pont de la Guillotière et ses faubourgs qui débordent dans la plaine, avec sa pittoresque montagne de Fourvière et cet amphithéâtre de la Croix-Rousse où les maisons s'entassent en gradins. Au levant et au sud, l'œil se repose d'abord sur un premier plan boisé, parsemé de jardins et de maisons de campagne; puis viennent les forêts de saules, le long desquelles court la ligne droite du chemin de fer; puis la large bande du Rhône, qui coupe l'espace sur une longueur de trois ou quatre lieues; par delà s'étendent les plaines et les collines du Dauphiné, et tout cet horizon grandiose est terminé par un magnifique encadrement de montagnes qui se développent depuis le Bugey jusqu'au mont Ventoux, en passant par les cimes étincelantes du Véland, du Mont-Blanc, de Belledonne et du Pelvoux, géants des Alpes qui ont l'air de contempler de leur immobilité éternelle la face si agitée du beau pays de France. Derrière les bâtiments, les marches d'un perron élevé conduisent dans un taillis d'arbres qui couronne la colline et marque la limite de l'enclos. De ce point culminant les yeux se reposent sur un paysage plus restreint et plus rêveur, qui rappelle d'une façon saisissante certains aspects de la campagne de Rome. Au sommet d'un premier plan de collines à gauche, de vieux aqueducs romains se découpent en vives silhouettes sur l'azur du ciel, et tout au fond, un peu à droite, des montagnes bleues d'un dessin charmant terminent l'horizon.

« Dieu bénit les intentions et les audaces de ceux qui avaient choisi un tel asile pour la jeunesse catholique. Oullins n'eut pas seulement les sympathies et l'affluence des familles : il exerça sur l'enfance et la jeunesse une action réelle et profonde, leur faisant respirer la foi comme l'air naturel des âmes, et ne séparant jamais le développement de l'esprit par l'étude de la formation de la conscience par une sincère et libre piété (1). »

Tel était le nouveau milieu où entrait Eugène Captier au mois d'octobre de l'année 1840. Il

---

(1) *L'Education,* par M. Dauphin; avant-propos.

avait alors dix ans. C'était un enfant de chétive apparence, à l'air spirituel et malin. Sa petite tête, couronnée de cheveux noirs et frisés, ressemblait assez à celle d'un conspirateur en quête d'un méchant tour. Sa physionomie légèrement railleuse ne révélait pas précisément encore une intelligence supérieure ; mais deux grands yeux bleus bien vifs et bien purs laissaient facilement deviner à l'observateur une âme ardente et un caractère résolu.

Le caractère, tel est en effet le trait le plus apparent chez le P. Captier ; et déjà l'écolier d'Oullins était un caractère dont la trempe énergique se révélait, comme c'est le plus ordinaire, par la résistance. Une grande sensibilité, jointe à un sentiment profond de la justice, lui faisait apercevoir promptement le manque de mesure dans la réprimande ou dè proportion entre la faute et le châtiment. Rien alors ne le faisait plier. On n'obtenait quelque chose de lui que par la douceur et la persuasion. Plus tard il s'accusait ingénûment de cette indocilité, et la fermeté qu'il eut ensuite à déployer dans les fonctions d'éducateur se tempérait toujours d'un grand respect pour le caractère. Le souvenir de ses premiers froissements du collége l'inclinait à l'indulgence, toutes les fois que l'ordre général ne devait pas en souffrir. Que fût-il arrivé en effet de sa jeune âme, si elle avait rencontré au sortir du giron maternel une discipline brutale et inflexible, au lieu des paternelles indulgences d'Oullins?

Tandis que les révoltes de son caractère le mettaient en lutte avec ses maîtres, la tristesse et la mélancolie, rarement sympathiques à l'enfance, éloignaient de lui ses camarades. Il n'apportait du reste pas plus d'ardeur au jeu qu'à l'étude, et son intelligence, comme paralysée par ces influences maladives, ne se développait que très-lentement. La mémoire, principal instrument du succès dans les premières études, était chez lui lente et paresseuse, et il n'était pas encore à l'âge de la réflexion.

Aussi les débuts ne furent guère brillants; et les bulletins qui de mois en mois étaient envoyés à la famille n'étaient point de ceux qui réjouissent les parents et encouragent leurs espérances. Le pauvre enfant cheminait assez péniblement, recueillant le long de sa route plus d'épines que de succès. Il acquérait ainsi l'expérience des petites tribulations de la vie d'écolier, dont il devait s'étudier plus tard à diminuer le poids. N'est-ce pas un écho des impressions du jeune âge que nous retrouverons un jour sur les lèvres de l'homme fait?... « Messieurs, quand nous étions enfants, nous ne permettions pas qu'on nous trouvât trop heureux, et nous avions raison, car les épreuves et les peines commencent avec notre cœur et grandissent avec lui. Ces enfants qui viennent après nous sentent ce que nous avons senti : ils ont dans leur jeune âme bien des petits mystères difficiles à pénétrer, et ils souffrent si nous ne les pénétrons pas (1). »

Tel fut Eugène dans la première phase de sa vie, comme une plante dont les racines n'ont pas encore bien pris au sol, et qui ne peut que végéter. Mais l'homme aussi bien que la nature a ses saisons qu'il faut savoir attendre.

La première communion que les deux frères firent ensemble quelques mois après l'arrivée d'Eugène fut la première de ces époques fécondes et décisives pour l'âme. Cette fête, toujours empreinte d'un charme si doux, était au collège d'Oullins particulièrement touchante. La sollicitude des maîtres pour préparer les nouveaux communiants, la sympathie cordiale avec laquelle les élèves plus anciens s'associaient au bonheur de

---

(1) *Discours et conférences sur l'éducation,* par le P. Captier. *De l'école libre et de ses rapports avec les familles,* p. 105.

leurs frères plus jeunes, l'empressement des familles à y prendre part, et enfin les allocutions pleines de délicatesse que M. Dauphin ne manquait pas d'adresser à ses chers enfants; tout concourait à mettre cette journée hors de pair entre les plus belles, et à la marquer d'un sceau ineffaçable dans le souvenir de tous.

Pénétré du grand acte qu'il accomplissait, Eugène dut recevoir dans leur plénitude les dons du Dieu caché dans l'Eucharistie. Pourtant ce jour si pur eut son nuage dans le souvenir du pauvre enfant. Sa mère n'avait pu y assister; et une nouvelle épreuve allait bientôt déchirer l'âme du jeune Captier et en hâter la maturité.

Quelques mois après le premier départ d'Eugène de la maison paternelle, Mme Captier fut atteinte de la maladie qui allait bientôt l'enlever à l'affection de tous les siens. La charité qui avait rempli sa vie devait l'épuiser tout entière. Pour consoler une de ses amies fort affligée, elle se résolut à aller passer quelques jours chez elle, et partit sans mesurer ses forces, sans tenir compte de la rigueur de la saison, sans calculer les difficultés d'une route assez longue à travers la montagne. Son dévouement l'avait entraînée trop loin. A peine arrivée, elle ressentit les premières atteintes d'un mal que tous les moyens devaient être impuissants à conjurer. Après une crise terrible qui faillit l'emporter soudainement, on la ramena chez elle à grand'peine. Quelques mois s'écoulèrent dans des alternatives de crainte et d'espérance ; puis bientôt, devant la marche inexorable du mal, toute la famille éplorée dut comprendre que Dieu ne se rendait pas à ses prières et que l'heure était venue où il allait appeler à lui une âme si chère.

Depuis longtemps, Mme Captier s'était exercée à se quitter elle-même et à se donner à Dieu ; il ne lui fut pas difficile, en ce dernier moment, de faire le sacrifice de sa vie et de tout ce qu'elle laissait de cher au monde, pour aller à celui dont l'amour avait toujours possédé son cœur. Munie de tous les secours de la religion, elle rendit doucement sa belle âme à Dieu, le 1er juillet 1841.

Sa mort fut, on peut le dire, un deuil public. Toute la ville, riches et pauvres, assista à ses funérailles, et sa mémoire, après tant d'années, y demeure toujours en vénération.

L'impression laissée dans l'esprit de l'enfant par ce coup terrible fut plus profonde et plus vive que ne permettait de le croire son apparente indifférence. Il ne s'en consola jamais ; jeune homme, il regardait d'un œil d'envie ceux qui avaient encore leur mère; et, devenu prêtre et religieux, il sembla que la blessure faite par cette privation précoce l'ait aidé à pénétrer le rôle de la mère dans l'éducation.

« Un père, une mère, disait-il, ont sur leurs enfants une puissance que nul ne peut avoir; une mère surtout, parce que sa part dans l'éducation est plus intime, parce que son appui est plus utile aux heures des grands combats, aux heures où la vertu a besoin d'être soutenue par une force extraordinaire. Que fait l'enfant qui veut se bien conduire? Il court vers sa mère... Que dis-je, l'enfant! le jeune homme, l'homme même. La mère garde son autorité sur l'enfant jusqu'à la fin de sa vie. Personne ne peut la remplacer, personne ne peut avoir cette confiance qui n'est comparable à aucune autre, qui ne se confère pas, qui ne s'acquiert pas. A tout âge, l'homme trouve dans sa mère sa force et sa consolation (1). »

Dès lors, Eugène commença à devenir sérieux et à comprendre merveilleusement le sens de ces deux grands mots : *devoir* et *sacrifice*.

En peu de temps, une transformation complète s'opéra dans tout son être. Ses facultés, jusque-là

---

(1) *Discours et conférences,* p. 363.

presque inertes et sans direction, sortirent de leur sommeil et s'orientèrent en quelque sorte, ses tendances incertaines s'accusèrent, sa nature tout embrouillée s'éclaircit, s'ordonna et laissa voir les précieuses qualités dont Dieu l'avait dotée. Il se mit alors à l'étude avec ardeur, et, malgré la faiblesse persistante de sa santé qui le servait mal, le succès commença à répondre à ses efforts. Son caractère, sans cesser d'être sérieux, devint peu à peu plus ouvert, plus expansif, plus aimable. La gaieté, qu'il n'avait guère connue dans son enfance, se fit jour dans son âme à l'heure où beaucoup d'autres la perdent, gaieté contenue qui alla croissant en lui, à mesure que, se faisant plus homme, il fut aussi plus maître de lui-même.

Le sentiment religieux, soigneusement développé en lui par une éducation toute chrétienne, s'accentua dès lors plus fortement, et devint comme un trait distinctif de sa physionomie morale. Il ne se manifestait point à la vérité par des pratiques et des dévotions multipliées, mais par la manière dont il s'acquittait de ses devoirs de religion, et surtout par l'aspect sous lequel il aimait à considérer toutes choses.

Cette disposition d'esprit était complétée chez Eugène par un tact philosophique précoce. L'instinct de la nature qui nous pousse à chercher les raisons supérieures des choses fut de bonne heure excité en lui par les rapports particuliers qu'il eut avec un des directeurs du collége.

Rien de plus important dans l'éducation que de saisir une âme au moment où elle est à prendre, c'est-à-dire lorsqu'elle sort d'elle-même et du cercle étroit où elle a vécu pendant ses premières années, en quête de cet infini dont la pensée commence à faire sa joie et son tourment. Rien de plus nécessaire à un jeune homme que de trouver à cette heure une âme amie, plus mûre que la sienne, qui dirige l'essor de ses pensées et conduise avec prudence les élans de son cœur. M. l'abbé Lacuria fut alors l'instrument dont se servit la Providence pour donner à Eugène une direction féconde et salutaire. C'était un homme simple, candide, une âme d'artiste, passablement rêveuse, insouciante au dernier point de ce qu'on appelle le positif des choses, et qui menait au milieu du bruit et du mouvement du collége une vie quelque peu semblable à celle des premiers ermites du désert. Ses fonctions lui laissaient d'assez grands loisirs. Il les charmait en s'occupant tout à la fois de mathématiques, de musique et de philosophie, en vrai disciple de Pythagore. Il s'aventurait volontiers dans ses spéculations solitaires hors des chemins battus, à la découverte de nouveaux horizons, et usait largement de cette liberté d'oser qui est le droit commun des poëtes. Tout maître aime à avoir des disciples. Il était donc naturel que M. Lacuria groupât autour de lui quelques jeunes gens d'un esprit plus ouvert pour en faire les confidents de ses pensées. En différentes circonstances il avait témoigné de l'intérêt à Eugène, dont la physionomie intelligente l'avait frappé. Ces prévenances, venant au-devant d'une âme qui avait alors besoin qu'on s'occupât d'elle, l'eurent vite gagnée, et le jeune humaniste fut bientôt un des principaux membres de la petite académie. L'influence doctrinale du maître ne laissa pas, il est vrai, des traces profondes dans l'esprit du disciple; mais celui-ci n'en reçut pas moins en temps opportun une heureuse impulsion vers les idées élevées. Aussi jusqu'à la fin conserva-t-il pour la philosophie, qui la première avait enthousiasmé son âme, un culte de prédilection, et pour le maître qui l'avait initié à cette belle et noble étude, un souvenir affectueux et reconnaissant.

Cette aptitude métaphysique était contre-balancée chez Eugène par un esprit pratique beaucoup plus prononcé qu'on ne l'a d'ordinaire à cet âge. Son âme était trop bien pondérée, et il avait trop bien le sens vrai de la vie, pour s'absorber dans la spéculation oisive. D'ailleurs la lutte était partout à cette époque ; non-seulement la politique, mais la philosophie et la littérature même étaient toutes militantes. Les grandes querelles du menaisianisme étaient à peine écloses. La chute terrible de celui en qui ses contemporains fascinés avaient cru voir un ange de lumière était consommée; mais les orageux débats qui l'avaient précédée avaient trop passionné les esprits pour qu'ils ne demeurassent point encore profondément émus.

Pendant que Lamennais, vaincu par son orgueil, s'éteignait solitaire et désolé, Lacordaire et Montalembert trouvaient dans leur humble soumission envers l'Église la voie qui devait les conduire aux plus éclatants triomphes. La lutte pour la liberté de l'enseignement, commencée par les deux intrépides champions, était arrivée à son paroxysme, et les murs du collége n'étaient point si hauts que le bruit de ces solennels débats n'y eût un certain retentissement. Pour la maison d'Oullins en particulier, la question qui se discutait si vivement à la face du pays avait, outre son importance générale, tout l'intérêt qui s'attache à des droits de famille. Les directeurs et les maîtres suivaient les péripéties de la lutte engagée avec une sollicitude mêlée de crainte et d'espérance; les élèves eux-mêmes n'y restaient pas étrangers. Ces vives impressions reçues dans une âme jeune et ardente, comme était celle d'Eugène, ne devaient pas être sans influence sur la direction ultérieure de ses idées et sur la trempe de son caractère. De là l'importance capitale qu'il attacha toujours à l'éducation de la jeunesse; de là sa résolution de travailler pour sa part à la conquête d'un droit si nécessaire; de là une certaine ardeur impatiente de combattre lui aussi le bon combat. Ces pensées et ces sentiments, dont il nous a fait lui-même confidence dans une de ces conférences sur l'éducation, sont le premier signe d'une vocation à laquelle il devait bientôt consacrer sa vie.

« La lutte (pour la liberté d'enseignement) fut très-longue et très-douloureuse..... Je me rappelle encore les émotions que je ressentais, moi jeune homme, au milieu de mes classes d'humanités, quand j'avais saisi sur le visage de mes maîtres quelque chose qui me rappelait ces grandes luttes; quand j'allais avec eux, avec mes camarades, et que je disais : Mais enfin qu'y a-t-il donc? quand je lisais ces discours incomparables de Montalembert, ces discours si pleins d'ardeur et de flamme. Je me rappelle ces émotions, quoique je fusse encore jeune, comme si j'y étais encore. Nous, jeunes gens, sans nous douter que cela s'appelait de la politique, mais bien certains que cela s'appelait de la foi, de la religion, de l'amour pour l'Église, nous suivions parole à parole ces discours qui préparaient la victoire; nous introduisions en secret ces petits livres, comme aujourd'hui, en tant de maisons, on introduit de mauvais romans; nous en discutions en nos récréations, et nous disions, petits jeunes gens de quinze ans : « Ah ! quand l'enseignement « sera libre, que ce sera beau! » et alors, nous considérions cette moisson de l'avenir, et nous nous prenions d'espérance pour elle, et nous nous disions : « Si quelque chose peut nous assurer le « succès, c'est bien de tels dévouements. Oui, en « vérité, c'est à ces chrétiens dévoués, c'est à ces « maîtres qui ont donné leur vie à cette cause, en « ce temps où le soleil de la liberté ne luisait pas, « c'est à eux que nous devons le triomphe; et c'est « peut-être à ces accents inspirés de Dieu que je « dois ma vocation (1) ! »

Ces beaux enthousiasmes, dont le P. Captier évoquait si souvent le souvenir, entretenaient dans

---

(1) *Discours et conférences*, p. 485-486.

les élèves d'Oullins l'émulation du travail et du dévouement. Le séjour du collége se transformait pour les plus grands en une retraite charmante remplie par de nobles occupations. Aussi l'Église et la patrie ont-elles trouvé dans cette petite phalange de vaillantes recrues pour leurs plus utiles fonctions ; la charité surtout connaît les noms de plusieurs d'entre eux qui se sont entièrement dévoués à ses œuvres. Peut-être en ont-ils reçu alors la première inspiration dans les épanchements d'une affection d'enfance. L'âme d'Eugène se compléta par ces amitiés délicates et généreuses qui devaient lui être fidèles jusqu'à son dernier jour; elles ne contribuèrent pas peu à faire de ses dernières années d'étude les meilleures, les plus épanouies d'une vie si courte et si tôt envahie par les préoccupations et les responsabilités.

CHAPITRE III

Retour d'Eugène dans sa famille. — Mlle Anaïs Captier. — La vocation d'Eugène se manifeste. — Séjour à Paris; retour à Oullins. — Il entre au séminaire de Saint-Sulpice que sa santé l'oblige à quitter bientôt. — Premiers essais d'enseignement à l'externat de l'Enfance.

Ces belles années d'Oullins, si pleines de rêves généreux et de mâles résolutions, ne s'écoulèrent pas toujours d'une manière paisible et joyeuse. Plusieurs fois le jeune Captier fut obligé d'interrompre ses études et de passer de longs mois sous le toit paternel. Attristés déjà par la maladie, les séjours d'Eugène à Tarare l'étaient peut-être davantage encore par le souvenir toujours présent de son admirable mère. Toutefois ils n'étaient pas sans charme ni sans consolation. La main de Dieu, alors même qu'elle frappe, ne laisse pas d'être douce : Mme Captier revivait dans sa fille, qu'elle avait formée de ses mains et à qui elle avait légué le soin de la remplacer.

Jusque-là, Mlle Anaïs n'avait jamais quitté sa mère ; chérie de tous, sa jeunesse n'avait été qu'une fête ; mais l'heure des grands sacrifices était venue. Ce fut son devoir à elle, si jeune encore, d'être tout à la fois la mère et la sœur de ses frères, et de s'oublier elle-même pour mieux se donner à tous. Elle le comprit et accepta résolûment la tâche ardue qui lui était imposée. Une fois privée de sa mère, qui avait jusque là guidé tous ses pas, elle devint comme étrangère au monde. Quelques précieuses amitiés furent les seules relations qu'elle y garda. Les devoirs et les convenances de sa position étaient du reste d'accord avec son caractère pour lui persuader de mener désormais une vie retirée et recueillie.

Avec des dons moins éclatants peut-être que ceux de Mme Captier, Anaïs ne fut pas, au fond, une femme moins remarquable ; mais son activité d'esprit avait dû prendre une autre direction. Moins répandue au dehors, elle l'exerçait davantage dans le sens de la vie intérieure. Après les heures consacrées aux devoirs de piété et aux soins domestiques, elle savait se réserver un temps pour la lecture et l'étude. Les auteurs spirituels, les livres traitant de questions religieuses et de philosophie chrétienne, étaient ceux de son choix : et elle montrait en abordant ces sujets élevés beaucoup de force d'esprit, de netteté dans les pensées et de sûreté dans le jugement.

Les œuvres de charité étaient pour elle un héritage trop précieux pour qu'elle n'eût pas à cœur de le recueillir ; elle y donnait son concours empressé, autant que ses devoirs d'intérieur et le dépérissement de sa santé lui en laissaient le temps et la force. Mais le centre de sa vie était, on peut le dire, l'amour de Jésus-Christ, et spécialement l'adorable mystère de l'Eucharistie. C'est là qu'elle allait puiser chaque jour la force et la consolation dont elle avait besoin ; c'est là qu'elle abritait son cœur, là qu'elle avait choisi son secret refuge et le lieu de son repos. C'est de là qu'elle revenait plus forte pour souffrir, plus zélée, plus attentive et plus tendre pour remplir la tâche de chaque jour. On ne pouvait voir rien de plus touchant que cette jeune fille en deuil surmontant sa douleur et reprenant force et courage pour remplir les austères devoirs dans lesquels allait se consumer sa vie. Avec quelle abnégation elle se mit à l'œuvre, quelle sagesse de conduite, quelle constance de dévouement elle y déploya, Dieu le sait, et ceux-là aussi l'ont su dont elle fut l'ange visible et auxquels elle prodigua tous les trésors de son âme fraternelle.

Avec une telle gardienne, le foyer était toujours un lieu cher et sacré, un milieu élevé et pur, où les plus intimes confidences se confondaient avec les plus sérieuses préoccupations de l'esprit. Rien de ce qui intéressait le père et les frères n'était étranger à la fille et à la sœur ; et, quel que fût le sujet de leurs entretiens, philosophie, littérature, histoire, Mlle Captier était prête à y prendre part.

Cependant Eugène n'avait point encore terminé ses études ; et si sa santé demandait des soins et une liberté incompatibles avec l'assujettissement à la règle du collége, il comprenait trop bien l'importance des études dernières qui couronnent une éducation complète, pour se résigner à perdre un temps si précieux. Après les courses dans la montagne, après les promenades au jardin et les causeries en famille, il lui restait encore de bonnes heures ; il se promit de les utiliser pour achever autant que possible, sous la direction lointaine de ses maîtres, les études qu'il était empêché de faire en suivant les cours réguliers du collége.

Dans le programme qu'il s'était tracé, la littérature et la poésie avaient leur place ; mais il est juste de dire que, s'il ne les avait point mises à la porte d'Athènes, il n'eut pour elles qu'un culte fort discret. Il n'ignorait pas le charme de ces voix qui parlent d'ordinaire si puissamment à l'imagination et au cœur d'un jeune homme, il en avait le sens et le goût, mais son idéal était plus haut : c'est la vérité surtout qu'il cherchait. La suite de ses études, du reste, aussi bien que son goût, l'amenèrent à faire de la philosophie sa principale occupation durant cette année.

La philosophie n'était point morte alors en France ; elle y faisait même assez de bruit. D'un côté, l'éclectisme rationaliste de M. Cousin, à l'apogée de sa passagère faveur, était prôné dans presque toutes les chaires de l'État. En face de cette doctrine, acceptée pendant quelque temps comme la loi et les prophètes par cette classe d'hommes qui veulent que la philosophie soit la vraie religion des gens d'esprit, s'élevait le traditionalisme, ce système nouveau, né d'une réaction extrême contre les excès d'un rationalisme sans frein, qui allait, pour mieux défendre la foi, jusqu'à méconnaître les droits de la raison. Ce ne fut ni dans l'un ni dans l'autre de ces deux camps que le jeune philosophe alla chercher ses guides, mais parmi ceux qui, fidèles gardiens de la vieille tradition catholique, évitent avec soin d'opposer et de sacrifier l'une à l'autre la raison et la foi que Dieu a faites pour être unies ; estimant qu'il importe souverainement, au contraire, de maintenir leur nécessaire et fécond accord.

Il se fit avec bonheur le disciple des grands maîtres du dix-septième siècle, Bossuet, Fénelon, Malebranche, Leibnitz. Et encore qu'il ait été amené par ses études subséquentes à reconnaître que les théories de nos modernes platoniciens n'étaient point toutes également sûres, il conserva toujours pour cette illustre école, si ferme, si hardie dans l'usage de la raison, et tout à la fois si profondément chrétienne, une préférence marquée sur les autres.

Quelques ouvrages récents l'occupèrent encore vers cette époque, il lut entre autres l'*Unité spirituelle de la société,* premier essai de M. Blanc de Saint-Bonnet, œuvre un peu hâtive mais pleine d'élan, où se rencontrent toutes les qualités les plus propres à impressionner vivement une âme jeune et capable de s'ouvrir avec enthousiasme aux premiers rayons de l'éternelle vérité.

Cependant ces graves études, quelque attrait qu'elles eussent pour Eugène, ne le distrayaient point de ses préoccupations d'avenir : tout au contraire, en le mettant comme sans cesse en présence des grandes questions qui embrassent toute destinée humaine, elles l'amenaient naturellement à poser dans sa conscience l'emploi de sa vie. Il ne s'agissait pas pour lui de choisir une carrière qui le mettrait à même de se faire une place parmi les heureux de ce monde, mais bien plutôt de reconnaître la voie à suivre pour remplir le plus parfaitement possible le dessein pour lequel la divine Sagesse l'avait créé. Depuis quelque temps déjà, il se sentait pour le sacerdoce un attrait aussi fort qu'il était calme et réfléchi. La vie du prêtre, dégagée plus que toute autre de cet alliage de vanité qui est comme une condition indispensable d'une carrière mondaine, plus que toute autre aussi consacrée à Dieu et aux âmes ; cette vie avec ses dévouements et ses sacrifices, avec son admirable fécondité pour le bien, lui paraissait sa vocation.

M. Captier nourrissait de tout autres projets relativement à l'avenir de ses enfants. Son intention avait toujours été de les préparer à suivre une carrière honorable dans le monde, et la supposition que l'un ou l'autre embrasserait l'état ecclésiastique n'était jamais entrée dans ses combinaisons paternelles. Aussi, la première ouverture qui lui fut faite de ce dessein fut-elle pour lui un coup d'autant plus sensible qu'il était plus imprévu. C'était toutefois un homme trop raisonnable et trop chrétien pour ne pas comprendre que Dieu a des droits qui priment tous les autres, et que toute paternité doit céder devant la sienne ; et puis il désirait trop le bonheur de ses enfants pour faire opposition à un projet dont les motifs étaient des plus louables. Aussi, sans se plaindre d'un choix si contraire à ses vues, sans laisser même apercevoir la peine extrême qu'il en ressentait, il se borna, pour ne rien précipiter dans une résolution si grave et laisser la porte ouverte pour tous les retours, à exiger qu'aucune décision ne fût prise sur ce point avant quelques mois. Pour Mlle Captier, heureuse d'une détermination à laquelle sa foi et sa piété ne pouvaient qu'applaudir, elle se fit, avec un empressement plein d'adresse, l'avocat de la cause du Seigneur. Comme il était facile de le prévoir, le temps lui-même travailla dans le même sens, et à la fin de l'automne suivant, le bon père fit généreusement le sacrifice que Dieu lui demandait et donna son consentement à un projet qui n'allait rien moins qu'au renversement de ses plus chères espérances.

Cependant plusieurs raisons s'opposaient à ce qu'Eugène entrât de suite au séminaire. D'un côté, sa santé n'était pas assez affermie pour qu'il pût, sans imprudence, faire l'épreuve d'un régime de vie nécessairement un peu austère; de l'autre, avant d'aborder la théologie, il se sentait le besoin de compléter les études littéraires et philosophiques qui en sont le préliminaire obligé. Mais dans quelles conditions achever ses études? Le travail solitaire avec des livres ne saurait remplacer, surtout à un certain âge, l'enseignement oral. La parole vivante d'un homme plein de son sujet est autrement puissante pour féconder l'esprit que le meilleur des livres. Le jeune Captier demanda donc à son père la permission d'aller passer un an à Paris pour y suivre les cours publics dont plusieurs avaient un grand éclat. Ozanam, Ampère, l'abbé Cœur, depuis évêque de Troyes, l'abbé Maret (1) et d'autres encore occupaient à la Sorbonne des chaires autour desquelles se pressait une nombreuse et ardente jeunesse. Lacordaire donnait alors à Notre-Dame ses incomparables conférences, et dans la chapelle du couvent des Carmes, ses homélies du dimanche, qui, sous une forme moins solennelle, n'excitaient pas moins d'intérêt, d'admiration et d'enthousiasme. L'espoir d'entendre ces voix éloquentes, dont les plus illustres s'étaient faites les intrépides apologistes

(1) Aujourd'hui Mgr Maret, évêque de Sura, doyen de la Faculté de Théologie, et primicier du chapitre de St-Denis.

de la cause catholique, devait exercer un attrait puissant sur un jeune homme studieux, avide d'approfondir et de confirmer ses convictions chrétiennes. Puis Eugène avait pour une année le libre emploi de son temps et de sa personne, l'aurait-il plus tard? Il était bien aise de profiter des circonstances favorables que la Providence lui ménageait pour voir de près et à loisir cette ville de Paris, centre et foyer de l'activité nationale, dont le prestige est si fort sur une imagination de vingt ans.

M. Captier acquiesça au désir de son fils; il connaissait ses qualités solides, sa maturité précoce, et il jugea que le séjour de Paris, avec la garantie des excellentes relations qu lui étaient préparées d'avance ne seraient point pour lui une trop périlleuse épreuve. Le départ eut lieu à la fin d'octobre 1848. Les mois si doux qui venaient de s'écouler marquent le dernier séjour du P. Captier dans sa famille, et l'on peut dire qu'à partir de cette heure il ne lui appartint plus que par les souvenirs du passé et par de rares et courtes visites qu'il fit de temps en temps plutôt pour remplir son devoir filial que pour chercher le plaisir ou le repos.

En arrivant à Paris, Eugène prit son logement dans une maison de la rue Férou, devenue depuis l'hôtel Fénelon. C'était une des rares pensions d'étudiants où l'on pût à cette époque, observer à table d'hôte les lois d'abstinence édictées par l'Eglise, et pour cette raison on la nommait *pension romaine*. A cet avantage précieux pour un jeune homme chrétien se joignait celui de rencontrer sous le même toit d'anciens élèves d'Oullins, qui facilitèrent à leur jeune condisciple les premiers essais de la vie de Paris.

Il y venait, nous l'avons dit, avec l'intention de perfectionner son éducation par des études plus élevées et plus approfondies, sans avoir pour but la préparation immédiate d'une carrière professionnelle. Le manque de direction pratique, cette absence de la sanction officielle que donne la recherche d'un diplôme eût été pour une autre nature que la sienne un péril de quelque importance. Mais il avait dans ses habitudes acquises de pensées sérieuses et de réflexion, aussi bien que dans sa poursuite du but surnaturel que lui marquait l'appel de Dieu, un contre-poids efficace aux entraînements de l'imagination et de la rêverie. Déjà, comme une confirmation de sa vie religieuse et un présage des vertus qu'il y devait pratiquer, on remarquait en lui une disposition peu commune au silence et à la méditation, une facilité à se suffire à lui-même, et enfin une tendance à préférer les secrets colloques entre Dieu et son âme à tout autre entretien.

Aussi le partage de ses journées ne laissait-il aucune place à de vaines distractions ou à une rêveuse oisiveté. Après le temps donné aux cours et aux conférences dont le sujet excitait sa curiosité ou son intérêt, après la visite des monuments et des œuvres d'art destinés à former son goût et son sens critique, après quelques relations de famille et d'amitié, il consacrait toutes ses heures à l'étude solitaire, c'est-à-dire à la lecture de livres sérieux analysés avec soin, mais surtout à l'exercice tout personnel de la réflexion qui fut toujours son principal instrument de travail. Déjà même à cette époque, où il eut le plus de loisir, il demandait moins aux livres qu'au travail de la raison ; et cela s'explique autant par la propension de son esprit que par une difficulté singulière de s'assimiler les idées sous une forme qui n'était pas la sienne.

Aux heures des repas qui le réunissaient à ses camarades il montrait un air grave, méditatif; se livrant peu, quoique bienveillant, il avait un sourire qui n'eût pas manqué de causticité, si le sentiment de la charité n'était venu le faire expirer sur ses lèvres.

On était alors en pleine crise gouvernementale, et la conversation de la table d'étudiants roulait naturellement sur la politique et sur les questions sociales dont on avait voulu attacher la solution au régime récemment inauguré. Dans ces discussions, Eugène Captier se faisait remarquer moins par la vivacité et l'ardeur que par une logique serrée qui emprisonnait son adversaire et l'irritait parfois en lui ôtant tout moyen d'échapper à la conclusion.

D'ailleurs quelles que fussent leurs divergences sur les problèmes qu'ils agitaient, les pensionnaires de la rue Férou se réunissaient dans un zèle commun pour la nouvelle république. Eugène Captier ne faisait pas exception et partageait les illusions un instant justifiées de cette époque. Supposé que ce soit une erreur, elle sera aisément pardonnée par ceux qui avaient vingt ans à cette époque, et qui, dans les institutions nouvelles, saluaient avant tout une aurore de justice et de liberté. Il faut dire toutefois que dès lors l'indépendance toute chrétienne de son esprit était trop grande pour qu'il se laissât enchaîner à ce qu'on appelle un parti politique.

La fermeté de décision et la maturité de ce jeune homme, à un âge qui est plus souvent celui de l'entraînement, devaient étonner ses camarades;

aussi avaient-ils peine à comprendre ce caractère et à le définir. L'un d'eux le qualifia un jour d'ambitieux; cherchant sans doute à expliquer l'énergie secrète que trahissait la parole d'Eugène Captier, et qui faisait soupçonner en lui quelque dessein déjà bien arrêté.

L'époque des vacances ramena notre étudiant dans sa famille pour quelques semaines. Mais lorsqu'elles furent terminées, il ne revint pas à Paris. La prolongation d'un tel genre de vie lui paraissait sans utilité, et l'attrait croissant de la vocation sacerdotale le détachait non-seulement de tout ce qui pouvait l'en distraire, mais de tout ce qui ne s'y rapportait pas directement. Comme sa santé ne cessait pas de s'opposer à son entrée au séminaire, ce fut à Oullins, auprès de ses anciens maîtres, qu'il vint mûrir pendant quelques mois ses projets de sacrifice et de dévouement.

Il y fut reçu à cœur ouvert et admis parmi les *vétérans*. On appelait ainsi un petit groupe de jeunes gens qui revenaient, après l'achèvement des cours classiques, compléter leur éducation par des études plus personnelles.

Cette vie, faite de travail, de paix et de douces affections, convenait assurément au jeune Captier; et s'il n'eût consulté que son repos et son goût, il n'en eût, pour le moment, point cherché d'autre. Mais l'appel secret de Dieu l'empêchait de s'arrêter à ces charmes légitimes; il avait hâte de commencer sa vie de luttes et de travail par quelque consécration authentique. Aussi, vers le milieu de l'année, jugeant sa santé assez affermie, il disait adieu une fois de plus à ses anciens maîtres, désormais ses amis, et venait frapper à la porte du séminaire de Saint-Sulpice, où son frère l'avait encore précédé.

Dès qu'il fut revêtu de la sainte livrée des ministres de Dieu, il s'appliqua avec le plus grand soin à se conformer aux minutieux détails de la règle. Car, autant il avait jadis lutté contre la discipline du collége, autant il comprenait alors cette nécessité d'un joug qui meurtrit sans doute parfois les épaules sur lesquelles il pèse, mais qui multiplie les forces en les dirigeant. Sa gravité, sa retenue non moins que sa bonté, édifiaient ses confrères, et furent plus d'une fois un sujet de respectueuse admiration pour les anciens condisciples qui venaient le voir. « Il avait l'air, dit l'un d'eux, d'un homme qui prend de grandes résolutions. »

Pourtant l'infirmité de son tempérament, domptée un moment, n'était pas vaincue; quelques mois après son entrée au séminaire, il fallut bien reconnaître l'impossibilité de prolonger l'épreuve. Une telle découverte, qui ne lui laissait que la perspective de rentrer dans sa famille pour y mener une vie inoccupée, n'aurait pas laissé que de désoler le jeune abbé Captier, si la Providence ne fût venue à son secours encore une fois par l'intermédiaire de son cher Oullins. M. Dauphin voulait établir, à Lyon même, une sorte de succursale de son institution, sous forme d'externat, pour recevoir les tout jeunes enfants que leur faiblesse ne permet pas de séparer plus complétement de la famille. Pour exécuter ce projet, il avait choisi un des professeurs d'Oullins, M. l'abbé Cédoz, et il songea à lui donner pour collaborateur son ancien élève, dont il connaissait les aspirations. Eugène Captier accueillit avec joie cette proposition. Outre qu'elle lui donnait un moyen honorable de conserver le costume et les habitudes ecclésiastiques hors du séminaire, elle le rapprochait de ceux qu'il aimait, et lui facilitait l'apprentissage de l'enseignement, en le plaçant à côté d'un de ses maîtres, sur le talent et l'affection duquel il avait appris à compter avec une pleine confiance.

Pendant deux ans il se donna sans réserve à cette tâche laborieuse : tout son zèle et toute son industrie étaient employés à chercher sans cesse de nouveaux et meilleurs procédés pour faire pénétrer le vrai dans l'esprit de ces petits enfants et le bien dans leurs cœurs : travail obscur et sans récompense visible, mais qui le préparait admirablement à la mission que Dieu allait bientôt lui confier.

Les jours de congé le ramenaient à Oullins, au milieu de la grande famille qui ne cessait de s'intéresser à sa petite colonie. Les jeunes professeurs retrouvaient alors un ami plus ancien, que l'autorité de l'âge et du sacerdoce leur avait fait choisir pour directeur, et avec qui ils partageaient déjà un commencement de lien religieux. On se réunissait pour de pieux exercices, on se délassait dans des entretiens pleins d'affection et d'enthousiasme, et, sous l'œil des anges, on préparait la voie que le Seigneur devait bientôt révéler.

CHAPITRE IV.

Le Tiers-Ordre enseignant. — Pensées et premiers projets du P. Lacordaire sur l'éducation. — Projets analogues des fondateurs d'Oullins. — Cession du collége au P. Lacordaire. — Noviciat des quatre premiers religieux.

Dieu seul donne la vocation. Mais cette vocation est ordinairement un germe qui, pour se développer, attend le concours des créatures. Le jeune homme garde dans une demi-obscurité la blessure faite à son cœur par la grâce divine, jusqu'à ce qu'une parole, elle-même éclairée d'en haut, lui ait expliqué le mystère, lui ait révélé dans un rayon de lumière le but où il devra tendre, c'est-à-dire le lieu d'où est parti le premier appel de la vocation. De seize à vingt ans, le jeune Captier ressentit dans la solitude de son âme ces mystérieuses angoisses qui devaient l'amener à embrasser la vie religieuse dans la carrière de l'enseignement.

Mais, comme il l'a écrit (1), la vraie préparation au Tiers-Ordre de Saint-Dominique date de l'année 1849, en laquelle, à son retour du séminaire, il eut la joie de trouver des âmes faisant écho à la sienne, comprenant ses désirs, les partageant avec l'autorité de l'âge et d'une amitié éprouvée. Pendant un séjour dans sa famille dans une de ces interruptions que la maladie lui avait imposées si souvent, le jeune Captier, déjà frappé de l'importance des habitudes régulières pour contraindre l'âme et la maintenir en commerce sérieux avec l'inspiration divine, demandait à l'abbé Mermet de lui tracer un règlement de vie. A peine sorti du séminaire, ce sentiment devint plus impérieux, et quand il fut réuni à ses deux compagnons (2), tourmentés du même besoin, ils n'eurent pas de soin plus pressé que de chercher le lien commun d'une règle religieuse. En dehors du désir de se donner à Dieu pour l'éducation de la jeunesse, rien ne les attirait plus spécialement vers une société religieuse quelconque; et peut-être avaient-ils déjà comme un instinct de leur mission future de fon-

(1) Dans un mémoire inédit et malheureusement inachevé auquel nous emprunterons en partie ce qui concerne la fondation et les premières années du Tiers-Ordre.
(2) MM. Cédoz et Mermet.

CHAPITRE QUATRIÈME. 51

dateurs, sans prévoir à quel tronc se rattacherait la branche nouvelle dont ils seraient les premiers fruits. La Providence allait le leur montrer dans une de ces rencontres vulgaires dont on fait si facilement honneur au hasard.

A propos sans doute d'une visite à la Grande-Chartreuse, excursion familière aux Lyonnais, la curiosité non moins qu'une pensée pieuse les avait conduits à Chalais, où depuis quelques années s'abritait le premier noviciat des Dominicains ramenés en France par le P. Lacordaire. Ils purent y rencontrer l'illustre orateur, dont tous trois avaient entendu les conférences, mais ils n'entrèrent pas en relation dès lors avec lui. La voix secrète de l'Esprit-Saint les amena à s'ouvrir de leurs aspirations au R. P. Hue, qui dans le même temps travaillait à fonder une congrégation de religieuses dominicaines pour l'enseignement. La foi ardente du P. Hue lui fit reconnaître le signe de Dieu dans ces âmes, et il n'hésita pas à se faire leur guide. Après les avoir agrégées à la famille dominicaine en qualité de tertiaires de la Pénitence (1),

---

(1) Le Tiers-Ordre de la pénitence est une association établie par S. Dominique lui-même, de prêtres et de laïques vivant dans le monde. Ses membres s'engagent à la récitation de certaines prières et à la pratique d'une règle appro-

il leur continua, dans les visites subséquentes ou par ses lettres, une direction prudente et dévouée. Les trois nouveaux tertiaires formèrent dès lors une petite confraternité, s'initiant à la vie religieuse par la pratique de l'oraison, de la pénitence, de la correction fraternelle, et se pénétrant avec ardeur de l'esprit dominicain. De là à la fondation du Tiers-Ordre régulier pour l'enseignement il y avait encore loin. Mais, tandis que, confiants dans la puissance d'une vocation fidèlement gardée, l'abbé Captier et ses amis mûrissaient leur projet, la Providence avait préparé l'heure, les circonstances et les hommes qui devaient concourir à cette œuvre.

Dès 1830, l'abbé Lacordaire avait combattu pour la liberté de l'enseignement, et l'éclat du procès de l'école libre devant la chambre des pairs, n'avait pas peu contribué à populariser cette thèse si chère, à bon droit, aux catholiques de France. « En 1838, dit M. Foisset (1), lorsque Lacordaire conçut la pensée de rétablir en France l'ordre de Saint-Dominique, il comprit tout de suite que cette œuvre

---

priée à leur situation; ils se rattachent à l'Ordre des Frères Prêcheurs par une direction hiérarchique, surtout par la communion d'un même esprit et la participation à tous les priviléges concédés à la grande famille dominicaine.

(1) *Vie du P. Lacordaire*, p. 240.

d'évangélisation serait incomplète si, au ministère de la prédication, il ne joignait celui de l'éducation chrétienne de la jeunesse. En effet, la parole d'un prédicateur n'est que d'un jour, celle de l'instituteur est de tous les jours et de toutes les heures. La couche que celle-ci dépose en des âmes vierges a une bien autre durée que l'émotion d'un Avent ou d'un Carême. Lacordaire en était frappé plus que personne. Il ne lui échappait pas non plus à quel point l'éducation de la jeunesse est un lien permanent entre l'instituteur et les familles, et par suite un moyen d'action des plus puissants pour le bien. D'ailleurs, qui ne le sait? les âges de foi ont tous été élevés par des corporations vouées au célibat chrétien. Ces corporations possédaient admirablement le sentiment de la paternité morale. L'amour désintéressé des âmes encore dans les langes de l'enfance, la science du sacrifice, la science de l'immolation de soi-même à une famille d'adoption; c'était là une grande tradition à reprendre et à renouer. Aussi, dès le début de son entreprise, Lacordaire avait fait pleinement agréer du général des Frères-Prêcheurs et de son conseil ces considérations si graves. « Nous pourrons, mandait-il à Mme Swetchine, fonder des colléges pour l'éducation de la jeunesse, avec exemption de l'office public pour les Pères employés dans ces colléges, et nous aurons ainsi trois sortes de maisons, les noviciats, les maisons professes, les colléges, unissant par là la vie des clercs réguliers à celle des ordres monastiques, ce qui est une grande nouveauté, mais nécessaire et qu'on nous concède. »

Des difficultés imprévues vinrent s'opposer à l'application immédiate de cette nouveauté. Elle présupposait d'ailleurs l'abrogation de l'incapacité d'enseigner qui pesait sur les congrégations religieuses, et le règne de Louis-Philippe s'écoula sans que cette abrogation pût être obtenue (1). « Mais en 1849 se produisit l'un des plus grands événements politiques et religieux qui se fût réalisé depuis l'édit de Nantes. La révolution de 1848 avait enfin éclairé une notable portion de la bourgeoisie française, et elle avait entendu que trois cent mille hommes d'esprit ne suffisent pas pour gouverner une nation de trente-quatre millions d'hommes, si elle n'est pas préparée d'en haut par les lois qui s'imposent à la conscience et y créent, avec le respect de Dieu, le respect de l'homme lui-même. Cette lumière était tardive, mais elle s'était faite et elle permit à M. de Fal-

(1) *Testament du P. Lacordaire,* publié par M. Foisset.

loux, ministre de l'instruction publique et des cultes, de présenter à l'Assemblée législative un projet de loi sur la liberté d'enseignement, élaboré par une commission qu'il avait nommée lui-même et qui révélait, par sa composition seule, le progrès des esprits. On y voyait M. de Montalembert à côté de M. Cousin, M. l'abbé Dupanloup à côté de M. Thiers, M. Laurentie en face de M. Dubois, les noms catholiques mêlés aux noms universitaires, et tout un ensemble d'hommes honorables, mais rapprochés de loin, et qui indiquait que la raison, la logique et l'équité allaient enfin traiter cette suprême question. En effet, tous ces hommes, si divers d'origine et de croyance, parvinrent à s'entendre sur le mode et le principe de la liberté d'enseignement, sans même excepter de son bénéfice les ordres religieux, et la loi fut adoptée le 15 mars 1850, à une grande majorité, après que la France eut gémi quarante ans sous le monopole d'une institution laïque. Il avait fallu trois révolutions pour briser cette servitude (1). ».

Un autre événement d'ailleurs n'avait pas tardé à se produire et à donner au P. Lacordaire le loisir de vaquer à sa nouvelle fondation. Le 2 dé-

(1) Le testament du P. Lacordaire.

cembre 1851, la république cessa d'être, et un nouvel empire commença. « Je compris, a-t-il écrit, que dans ma pensée, dans mon langage, dans mon passé, dans ce qui me restait d'avenir, j'étais aussi une liberté, et que mon heure était venue de disparaître avec les autres. » Il disparut en effet de la chaire de Notre-Dame, non pour abandonner la lutte, mais pour prendre un autre poste de combat; et, en présence des obstacles qui s'opposaient à sa première idée d'appliquer les Frères Prêcheurs indistinctement à l'éducation et à la prédication, il conçut la pensée de créer pour l'enseignement une branche nouvelle avec les règles plus larges et plus souples du Tiers-Ordre de Saint-Dominique. Le collége d'Oullins lui en fournit la première application.

En se rappelant l'origine de cette maison et les liens qui y rattachaient les premiers religieux du Tiers-Ordre, on trouvera naturel qu'ils aient vu dans ce choix une sorte de prédestination divine. Il ne s'agit ici ni de la convenance géographique du pays, ni de la beauté du site, ni des souvenirs religieux ou littéraires attachés à cette ancienne résidence, avantages qui eussent pu trouver ailleurs leur équivalent, mais de ce qui donne à ces lieux une âme, de ce qui y attache une pensée élevée, de ce qui confère enfin à la fondation du Tiers-Ordre à Oullins un caractère de bénédiction qu'elle eût perdu en se portant ailleurs.

Qui ne voit en effet la parenté de l'œuvre d'Oullins avec celle du P. Lacordaire? Les jeunes prêtres d'Oullins avaient lu avec passion les écrits des rédacteurs de l'*Avenir*. Comme le P. Lacordaire, ils avaient désiré allier la fière indépendance de l'homme à l'humble soumission du chrétien; plus heureux que lui, ils avaient déjà trouvé leur voie, alors que le grand orateur, s'ignorant encore lui-même, cherchait à tâtons le secret de sa brillante destinée. En effet il n'avait pas encore prêché ses conférences du collége Stanislas, dont le succès inouï exerça sur son avenir une influence décisive.

On comprend par ces coïncidences qu'il ait plu à la divine Providence de choisir pour lieu de sa fondation nouvelle une maison d'un esprit si semblable à celui du fondateur. Ce choix s'explique mieux encore quand on découvre dans les projets les plus anciens des directeurs d'Oullins un plan d'association religieuse. « Nous avons senti de prime abord, disait en 1855 M. Dauphin, que les individualités sont bien faibles, bien transitoires surtout, tandis que l'association triple les forces et assure la permanence Voilà pourquoi nous nous sommes constitués en association, qui nous lie les uns les autres à l'œuvre commune, met en contact nos idées et nos forces morales pour les faire concourir au même but, conserve et transmet, comme un héritage de famille, l'expérience de chacun de ses membres. » L'association dont il était ainsi parlé dura, malgré des crises passagères, jusqu'à 1852, mais sans réussir à s'étendre à une génération plus jeune. Pourtant c'était aussi une œuvre de dévouement, une œuvre de foi et d'avenir que ce collége d'Oullins! « Sans y perdre le courage et le goût de notre état, a écrit M. Dauphin (1), nous y avons usé nos forces, et les années commencent à nous faire sentir leur poids. C'est pourquoi nous nous sommes demandé avec inquiétude comment nous pourrions conserver à la religion, pour un avenir indéfini, tout cet acquis d'enseignements et de traditions, cette belle maison, cette chère école, toute cette œuvre de S. Thomas d'Aquin si laborieusement créée et dont la perpétuité fut toujours le rêve de notre vie.

« Vendre Oullins pour de l'argent, à notre point de vue, c'eût été une bassesse et une trahison dont la seule pensée nous fait rougir.

(1) *De l'Education.*

« Nous adjoindre d'autres prêtres comme nous, les former lentement et leur remettre peu à peu la direction et la charge ? Nous y avons longtemps songé. Mais ceux-là mêmes à qui nous eussions voulu imposer notre confiance nous objectaient que le fardeau était difficile…

« Pour résoudre le problème, il fallait demander à la vie religieuse sa puissante unité, son esprit de sacrifice et son caractère permanent. Nous l'avions toujours compris de la sorte; mais comment faire ?…

« Or, le Seigneur s'est rendu à nos vœux, et nous l'en bénissons mille fois. Une idée nous est comme tombée du ciel, à laquelle nous nous sommes attachés avec une joie confiante, parce que de prime abord nous y avons vu de merveilleuses coïncidences et l'influence bénie de notre saint patron. »

Ce ne fut pas en vain en effet que, par un choix spontané que rien n'imposait, que rien ne conseillait même en dehors de leur libre volonté, les directeurs d'Oullins avaient mis leur œuvre sous la protection de l'Ange de l'école. Saint Thomas, qui avait déjà protégé la maison d'une manière visible, fut encore le médiateur providentiel de la transformation qui devait en assurer la perpétuité.

C'est ainsi que, sous l'impulsion une et cachée

de la grâce divine, deux sources jaillissaient séparées, pour venir se confondre l'une dans l'autre et former par ces deux ondes diverses ce courant unique qui fut appelé le *Tiers-Ordre enseignant de Saint-Dominique.*

« Oui, s'écrie le P. Captier, ce lieu d'Oullins était pour notre fondation un lieu prédestiné, et cela de deux manières : d'abord, nous y trouvions tout un passé pédagogique, dont l'esprit était conforme à notre mission ; en sorte que, dans l'enseignement comme dans la vie religieuse, nous étions préservés des nouveautés périlleuses et pourtant placés à l'avant-garde du côté de l'avenir.

« Ensuite, en faisant à Oullins le berceau du Tiers-Ordre, nous devenions à l'égard de nos prédécesseurs une postérité méritée par leur esprit de foi et une récompense terrestre servant à honorer devant les hommes les dévouements providentiels... Ainsi sonnait l'heure de notre entrée en lice, et nous accourions pour nous mettre sous les ordres de notre fondateur qui, à la seule lumière de la foi, reconnut pour siens les quatre étrangers que la Providence lui envoyait. »

En effet, au mois de juillet 1851, l'abbé Cédoz et ses compagnons, confidents des angoisses et des perplexités qui agitaient les directeurs d'Oullins, crurent le moment opportun de faire connaître d'une manière explicite leurs propres aspirations. Réduits aux seules ressources de leur habileté et de leurs talents personnels, ils n'eussent jamais accepté la tâche de succéder aux fondateurs de leur chère Ecole, mais confiants dans les énergies toutes puissantes de la vie religieuse, ils ne craignirent pas d'offrir leurs personnes et leurs dévouements. « Vous désirez, disent-ils, que la vie religieuse garantisse et perpétue votre belle œuvre sans la dénaturer, eh bien ! nous sommes déjà de saint Thomas d'Aquin, nous touchons de très près à saint Dominique, obtenez que nous lui appartenions tout à fait par un Tiers-Ordre régulier voué à l'enseignement, et le problème sera résolu. Notre bien-aimé patron ne fut-il pas un Dominicain illustre ? Pourquoi ne deviendrait-il pas le lien et l'harmonie de ces deux choses qu'il aime : l'œuvre d'Oullins qui lui est dédiée et la vie dominicaine dont il fut la gloire (1). »

M. Dauphin et ses collègues accueillirent avec joie cette offre qu'ils avaient peut-être pressentie, et l'un d'eux leur répondit : « Je mourrais heureux, si je sentais Oullins entre les mains de l'ordre de Saint-Dominique. »

(1) *De l'Education.*

De son côté, le P. Hue, qui le premier avait découvert et soutenu la vocation dominicaine des futurs religieux, en avait parlé au P. Lacordaire et au P. Jandel (1), qui tous deux y étaient entrés à pleines voiles. Mais le branle-bas socialiste dont la France était ouvertement menacée pour 1852, tenait alors en échec tous les projets. Au mois de janvier suivant, ces craintes avaient cessé. Le P. Lacordaire vint prêcher à Lyon pour une maison de patronage fondée à Oullins même, par la Société de Saint-Vincent-de-Paul. Il profita naturellement de l'occasion pour prendre à fond connaissance du dessein originairement conçu par la petite communauté oullinoise. Ce n'était pas la première coïncidence qui rapprochait les deux œuvres; déjà la même date avait marqué l'établissement de la première conférence de charité et celui du collège de Saint-Thomas-d'Aquin. Par ce signe qui ne fut point méconnu, la Providence indiquait à ses nouveaux ouvriers la solidarité féconde qui rattache l'éducation à la charité.

Le 24 avril 1852, dans le premier chapitre des Frères Prêcheurs de la nouvelle province de France, la fondation d'un Tiers-Ordre enseignant

(1) Alors général de l'ordre de Saint-Dominique, mort en 1873.

CHAPITRE QUATRIÈME. 63

fut résolue. Quelques jours après, M. Dauphin se rendit à Flavigny, et la cession de la maison d'Oullins au P. Lacordaire fut dès lors chose arrêtée en principe (1).

Le 18 juillet, jour où l'institution célébrait la fête patronale de S. Thomas d'Aquin, M. l'abbé Dauphin, en présence du P. Lacordaire, des maîtres, des élèves et d'une nombreuse assistance d'amis et de parents, proclama solennellement à la chapelle la transmission du collége à l'ordre de Saint-Dominique.

« Le 1er octobre suivant, le P. Lacordaire emmenait à Flavigny les quatre premiers novices, qui allaient devenir avec lui les pierres d'angle du nouvel édifice; c'étaient les RR. PP. Captier, Cédoz, Mermet et Mouton (2). La prise d'habit eut lieu le 10 du même mois, fête de S. Louis Bertrand, dont le nom fut donné au P. Captier, avec celui de Raphaël. Le P. Lacordaire voulut consacrer par une grande cérémonie religieuse la date mémorable de l'inauguration du Tiers-Ordre

(1) *Vie du P. Lacordaire*, par M. Foisset et par le P. Chocarne.

(2) Le P. Mouton, ancien élève d'Oullins comme le P. Captier, ayant reçu de lui la confidence du projet des trois fondateurs, quitta pour se joindre à eux le grand séminaire où il avait commencé ses études ecclésiastiques.

enseignant. On partit en procession de la chapelle de Flavigny; on suivit, en chantant des hymnes, les sentiers en rampes tracés ou renouvelés par les religieux eux-mêmes dans le bois épais qui couvre le flanc de la colline; et, sur l'angle saillant d'un rocher qui domine une esplanade, on dressa une croix de pierre, que l'on appela la croix du Tiers-Ordre. Le P. Lacordaire prononça un discours devant les religieux rangés en demi-cercle autour de lui, et l'on rentra dans le même ordre au couvent, au chant des cantiques. »

Le Tiers-Ordre enseignant était une innovation dans la famille dominicaine. Il fallait en préparer les principales bases, les harmoniser avec la règle canonique du Tiers-Ordre, étudier les règlements spéciaux qui formeraient les Constitutions propres à l'enseignement, et enfin initier à la vie religieuse les premiers ouvriers choisis par Dieu pour cette mission. Le P. Lacordaire et ses quatre novices se mirent à l'œuvre avec la même ardeur. Dès que ceux-ci eurent pris l'habit, qui était à peu près le même que celui du Grand-Ordre, moins le scapulaire, le Père les installa dans de petites cellules préparées pour eux près de la sienne, et se fit lui-même leur maître des novices. Trois fois par jour il les réunissait chez lui. La réunion du matin avait pour objet le travail des Constitutions; il le préparait en particulier, leur exposait ses vues, demandait à chacun son avis, et se rangeait ordinairement du côté de la majorité. On rédigeait ensuite des conclusions, sur lesquelles la discussion pouvait s'ouvrir aux réunions suivantes. Ce travail en commun avait pour base la règle du Tiers-Ordre, les Constitutions des Frères Prêcheurs et les lumières personnelles des religieux unies à celles de leurs devanciers dans l'enseignement. Le P. Lacordaire n'avait alors aucun programme arrêté d'éducation. Il savait que ces règles ne sont pas de celles qui s'improvisent, mais que l'expérience seule les fixe et les rend définitives.

La seconde réunion de l'après-midi était consacrée à l'explication des rubriques et des usages de l'Ordre. C'était toujours le P. Lacordaire lui-même qui se chargeait de ce soin; et le soir, après la collation, il prenait la récréation avec eux, et achevait, dans des causeries intimes et familières, ce travail d'initiation, affaire de cœur et de mutuelle confiance, plus encore que d'étude et de fatigue d'esprit (1).

On comprendra facilement que dans ces préli-

(1) *Vie du P. Lacordaire.*

minaires le P. Captier, le plus jeune et le plus obscur des quatre fondateurs, n'eut qu'un rôle effacé. S'il hâtait de ses prières la conclusion de l'affaire importante qui était toute sa vie, il ne se mêla guère aux démarches qu'elle nécessitait. Sa modestie et la confiance que lui inspiraient ses anciens maîtres et ses compagnons s'accordaient pour l'éloigner d'une participation plus active. Mais quand le novicat fut commencé, quels que fussent son humilité et son désir de donner le plus long temps possible aux exercices de la vie religieuse, il dut, au même titre que les trois autres frères, prendre part aux travaux des Constitutions et faire acte de fondateur. Dans ce travail il montra des qualités pratiques d'organisation et de gouvernement qui lui gagnèrent la confiance du P. Lacordaire, confiance méritée, qu'il conserva toujours et qui devait résister même aux épreuves si douloureuses de la contradiction et de la calomnie. D'autre part, si on tient compte de l'énorme distance créée entre ces deux hommes, non-seulement par la nature de leur esprit, mais encore par la différence de leur mission et de leurs travaux, on peut dire que le P. Captier, parmi les fils spirituels du P. Lacordaire, est un de ceux qui ont le mieux reproduit les traits essentiels de son caractère, comme il s'était le mieux imprégné de son esprit. En même temps le jeune novice, s'abandonnant sans réserve à l'action de la grâce, faisait les progrès les plus rapides dans la voie de la perfection ascétique. A peine sorti du monde, il pénétrait sans peine les secrets du cloître, et surtout il avait compris, en y adhérant de toute son âme, le mystère du sacrifice, de l'immolation volontaire. Quand on a lu la vie du P. Lacordaire, on sait quelles sévères réalités il faut entendre par ces mots, et comment il les pratiquait, sous des dehors longtemps incompris. Il n'eut garde d'épargner aux novices du Tiers-Ordre appelés au périlleux honneur de fonder une œuvre nouvelle, ces leçons pratiques de sa pénitence, et ils étaient dignes de les partager.

La mortification corporelle était d'ailleurs relativement facile à une nature comme celle du P. Captier. Mais le noviciat ne va pas sans épreuves d'un autre genre, et quand il ne s'agit pas de tentations grossières, de lâches retours à ce qu'on a voulu quitter, il reste encore les inévitables attaques du découragement, trop naturelles à qui est accablé à la fois par le sentiment de son infirmité et la vive intelligence des difficultés de son entreprise. Les novices du Tiers-Ordre devaient y être d'autant plus exposés que leur œuvre était plus complexe. Tandis qu'ils trouvaient abondamment auprès du P. Lacordaire et dans les traditions dominicaines la séve religieuse, la haute direction spirituelle qu'ils étaient venus leur demander, ils se heurtaient à des difficultés épineuses lorsqu'il s'agissait de régler les conditions de leur vie enseignante et de faire concorder ces deux points de vue. Grâce à Dieu, le nouvel Institut sortit vainqueur de ses premières épreuves; et le P. Captier, au témoignage de ses frères, ne fut pas celui qui eut le moindre mérite dans les efforts généreux qui triomphèrent de tous les abattements et de toutes les obscurités.

Le régime du couvent, bien que mitigé par la règle particulière du Tiers-Ordre et par de sages dispenses, n'avait pas manqué d'éprouver sa santé, qui ne devait jamais lui donner une trêve complète; il dompta cet obstacle comme les autres. Que lui importait la souffrance sous toutes se formes? Il ne voulait la vie que pour le bon Dieu, il ne la quitterait que pour lui.

CHAPITRE V.

Prise de possession d'Oullins par le Tiers-Ordre. — Difficultés du commencement. — Le P. Captier professeur, puis économe et surveillant. — Ses rapports avec les enfants. — Lettres à sa famille. — Il est appelé à Sorèze pour y être maître des novices et censeur.

Le 15 août 1853, un peu avant l'expiration du noviciat, les Tertiaires rentraient à Oullins, où ils prononcèrent leurs vœux le jour de l'Assomption, dans cette chapelle qui avait reçu leurs plus intimes prières, en présence des élèves, naguère leurs amis, désormais leurs enfants (1). « Dieu, leur dit le P. Lacordaire en recevant leur profession, vous a choisis pour commencer quelque chose dans son Église, c'est là une grande grâce (2). »

---

(1) Ces vœux, prononcés publiquement avant les délais marqués par l'Eglise pour la durée du noviciat régulier, furent renouvelés plus tard de manière à acquérir la même sanction que les vœux solennels.
(2) *Vie du P. Lacordaire.*

Deux jours après, en présence des familles réunies pour la distribution des prix, le Tiers-Ordre de Saint-Dominique prenait possession d'Oullins. M. l'abbé Dauphin, qui présidait à cette cérémonie pour la dernière fois, prit d'abord la parole pour proclamer les résultats du projet annoncé un an auparavant et devenu une réalité. « A l'heure où je vous parle, Messieurs, l'épreuve est finie, la consécration de nos amis a reçu avant-hier au pied des autels la sanction suprême, et leur présence au milieu de nous, à côté de l'homme éminent qui s'est fait leur guide, vous dit assez que l'heure de l'action et du travail est désormais venue pour eux.

« Dieu en soit béni! car l'heure du repos ne peut tarder à sonner pour nous, et c'est un doux spectacle pour nos yeux que ces prémices d'une génération nouvelle (1). »

Il s'étendit ensuite dans un remarquable discours sur les avantages de la vie religieuse appliquée à l'enseignement : unité du but et unité des âmes, stabilité des traditions, permanence et perpétuité du dévouement.

Le P. Lacordaire répondit. Son discours, dont il n'avait pas écrit le texte, n'a pu être conservé; c'était

(1) *De l'Education.*

une improvisation méditée au milieu des fatigues du voyage. Il trouva pour s'excuser de cette dérogation aux usages scolaires, un mot d'une modestie charmante, qui définissait admirablement le don de la Providence et dont l'expression mélancolique frappa son auditoire : « Pèlerin de la parole, s'écria-t-il, je la porte avec moi. »

Le Tiers-Ordre reçut ce jour-là son baptême public de l'éloquence de son fondateur : son entrée dans la vie était déclarée. Les épreuves de ses membres allaient seulement commencer, comme le leur avait fait pressentir leur chef. « Mais, ajoutait-il, on ne fait rien sans la foi : les fondateurs se reconnaissent à leur intrépidité devant l'avenir. » Il en avait fait la preuve ; — le P. Captier et ses compagnons devaient la renouveler après lui.

Presque aussitôt après leur installation, le P. Lacordaire quitta Oullins pour aller préparer lui-même la fondation d'un couvent de Frères Prêcheurs à Toulouse et y donner ses dernières conférences. Cet éloignement, qui privait les Tertiaires de la présence d'une autorité protectrice au moment critique de leurs débuts, ne les surprit point. Ils n'avaient espéré de leur fondateur aucun autre concours que celui de la garantie hiérarchique, et, loin de s'attendre à le voir abandonner les Frères Prêcheurs dont il était encore provincial, pour prendre la direction immédiate de leur collége, ils furent très-étonnés, deux ans plus tard, lorsque le Père accomplit, au bénéfice de Sorèze, un sacrifice qu'ils n'avaient pas songé à lui demander pour Oullins. Cependant, à l'heure actuelle, ce départ précipité les laissait vis-à-vis des anciens directeurs dans une situation mal définie, dont le dénoûment douloureux pour tous faillit compromettre gravement le développement de l'œuvre naissante.

En traitant avec le P. Lacordaire de la transmission de leur collége à l'ordre de Saint Dominique, les anciens directeurs étaient plus pressés d'arrêter une combinaison assurant la durée de leur œuvre que de quitter le champ de travail où étaient depuis vingt ans l'honneur de leur vie, leurs plus chères affections et aussi leurs seuls projets d'avenir commun. Soit donc pour retarder un sacrifice pénible, soit pour assurer aux commencements du Tiers-Ordre le bénéfice d'une expérience transmise, ils avaient proposé et fait accepter aux nouveaux religieux une collaboration temporaire. « Dans cette *co-direction* officielle, disaient-ils, ils ne voulaient ni être les chefs des religieux, ni se mêler de leurs affaires, mais simplement les couvrir devant les inquiétudes du public, les aider à gagner la confiance des élèves, et ménager en pente douce le très-réel changement d'Oullins. » C'est ce qu'avait exprimé M. Dauphin dans le discours cité plus haut. Il avait ajouté : « Nous ne faisons pourtant pas nos adieux à ce qui fut l'amour de notre vie entière : j'ai hâté de le dire, car je sais que tout adieu est triste. Ce que vous voyez est une installation, ce n'est pas une retraite. Représentez-vous des pères qui, sentant leur activité faiblir, appellent au gouvernement de la maison leurs fils plus ardents et plus jeunes. Ils n'abandonnent précisément ni le foyer ni les affaires, ils suivent de l'œil et du cœur tout ce qui se fait, le délibèrent, le contrôlent, l'encouragent, l'aident enfin de leur autorité ou de leur expérience, et transmettent peu à peu avec le commandement les traditions et l'honneur de la famille.

On ne prévit pas assez, d'une part ni de l'autre, l'imprudence de cette combinaison, qui rappelle trop en effet l'illusion souvent déçue des pères et des mères, lorsqu'ils croient pouvoir garder sans péril et sans changement leur rôle ancien au foyer rajeuni d'une nouvelle famille. L'enthousiasme de la fondation empêchait M. Dauphin et le P. Lacordaire de sentir ce qu'il y avait de périlleux pour le développement du Tiers-Ordre et l'initiative de ses membres, dans cet arrangement qu'avait fait imaginer le désir de ménager une transition et de respecter des droits acquis. Ce n'était pas aux jeunes religieux, restés presque étrangers aux délibérations de ce concordat, à en prévoir les inconvénients, quand même leurs affections, leurs souvenirs et leur inexpérience ne les auraient pas disposés en faveur de ce projet dont les apparences étaient à leur avantage.

Après un essai de quelques mois, il fallut renoncer à ce partage de l'autorité et de la direction entre les deux éléments séculier et régulier. Les trois anciens directeurs s'éloignèrent, et, tout en conservant leurs autres collaborateurs comme professeurs et surveillants, les membres de la petite communauté prirent en main l'administration, sous la responsabilité de leur prieur, rentrant ainsi dans les conditions ordinaires de l'obéissance religieuse, seule capable de soulager leurs consciences et de consoler leurs sacrifices.

Mais cette séparation, jugée nécessaire par le P. Lacordaire et acceptée par les Tertiaires avec l'esprit de foi et de soumission qui les animait tous, leur fut bien sensible ; et le P. Captier, dont l'affectueuse reconnaissance et le respect pour ses anciens maîtres ne s'est jamais démenti, souffrit cruellement de cette rupture apparente avec un passé plein de fidélité et d'honneur. Une telle mesure d'ailleurs, outre ce qu'elle avait de douloureux pour ceux qui la subissaient en paraissant l'avoir désirée, leur donnait encore, non-seulement devant le public, mais aussi devant leurs élèves et leurs collaborateurs, qui ne pouvaient être mis au courant de ces questions intimes, un air d'ingratitude et de présomption très-préjudiciable à leurs efforts. Ainsi, pour les nouveaux directeurs livrés à eux-mêmes, leur jeunesse, leur origine, leur petit nombre devenaient l'occasion d'autant de périls difficiles à conjurer.

Ils connaissaient assez bien le travail de l'enseignement auquel ils s'étaient tous plus ou moins essayés. Mais ils étaient nouveaux dans l'administration et dans l'art de gouverner. Or il fallait administrer une maison importante, gouverner un personnel nombreux et difficile, formé par d'autres mains. « Nous arrivions, a dit le P. Captier, comme des réformateurs sans prestige, nous qui étions connus de tous par une situation ancienne dans laquelle nous nous étions trouvés les inférieurs de nos subordonnés de ce jour. Enfin nous n'étions que quatre, et nous ignorions absolument quand, où et comment nous pourrions nous recruter (1). »

Ceux qui ont quelque connaissance de l'organisation d'un collége et qui savent les difficultés des moindres changements, même lorsqu'ils s'accomplissent dans un ordre prévu, ne verront pas dans cet exposé des embarras du Tiers Ordre à ses débuts une critique injuste de ses prédécesseurs. En effet, aux yeux toujours défiants de l'opinion, un bien ne peut se substituer à un autre bien qu'à la condition de paraître meilleur par quelque côté. Or cette loi à laquelle ne pouvaient échapper les nouveaux directeurs d'Oullins, devait les rendre réformateurs comme malgré eux.

M. Dauphin, qui confessait d'ailleurs l'efficacité limitée des méthodes et le rang secondaire qu'il

---

(1) La première recrue arriva seulement au mois de mai 1854. C'était le P. Lécuyer (aujourd'hui vicaire général du Tiers-Ordre enseignant), dont le P. Captier mentionne la venue dans les termes suivant : « La Providence avait voulu, elle aussi, nous soutenir par un signe de sa protection. Du noviciat de Flavigny s'était détaché, pour se joindre à nous, un jeune novice destiné à prendre désormais une part principale dans nos travaux. Une grâce particulière le préserva également des illusions et des découragements, qui formaient comme deux précipices aux bords de notre étroit chemin, et souvent ses questions, ses réserves, ses exemples furent pour les premiers ouvriers du Tiers-Ordre une très-utile lumière.

CHAPITRE CINQUIÈME.

convient de leur assigner dans un plan d'éducation (1), avait expérimenté à Oullins toute une réglementation scolaire différente de celle en usage dans la plupart des maisons du même genre, tant au point de vue de la disposition des heures d'exercices que de la répartition des différentes branches de l'enseignement entre les professeurs. Le temps ordinairement consacré aux classes était partagé en quatre séances, au lieu de deux; le français, le latin, le grec aussi bien que les mathématiques ou l'histoire étaient enseignés par des professeurs distincts, qui suivaient ainsi leurs élèves dans les divers degrés d'une même faculté, au lieu d'être attachés à une seule classe (2).

(1) « Ce qui est essentiel en matière d'éducation, ce sont moins les formes visibles que le fond moral, moins les méthodes spéciales que les principes généraux qui président au développement des âmes. » *De l'Éducation*, par M. l'abbé Dauphin, p. 58.

(2) Le but de ces innovations avait été de soulager l'attention de l'élève par la variété des exercices et des maîtres, et de fournir à ceux-ci l'occasion d'une étude plus complète et d'une exposition plus intéressante des mêmes matières enseignées concurremment à des enfants de différents âges. On peut voir quels devaient être les bons résultats et les écueils de cettte organisation, qualifiée du nom de système des spécialités, et les résumer en deux mots : plus de suite dans l'étude de chaque matière prise séparément, moins de cohésion dans l'ensemble des connaissances. Mais dans la pratique les inconvénients de ce système dépassaient ses avantages.

Lorsqu'il eut pris la direction de Sorèze, où régnait une méthode assez analogue, le P. Lacordaire, fidèle aux souvenirs de son éducation universitaire, s'empressa de rétablir les programmes des colléges de l'État, Oullins dut suivre ce changement.

Pendant la période qui précéda cette évolution, le P. Captier se trouva chargé, entre autres fonctions, de l'enseignement du grec dans la classe de cinquième. La science du jeune professeur ne pouvait pas être bien considérable; car ses premières études classiques, assez faibles, on s'en souvient, n'avaient pas été complétées sur ce point. Mais son zèle et l'esprit de suite qui étaient une de ses qualités dominantes, le mirent au niveau de cette tâche improvisée, si bien que ses élèves purent lui rendre le témoignage de n'avoir jamais rien appris avec moins de peine et moins de temps (1).

(1) Pour obtenir ce résultat, il avait adapté à l'enseignement de la grammaire un matériel aussi ingénieux qu'original, emprunté aux cours scientifiques d'une école industrielle : c'était l'école de la Martinière à Lyon.
Chaque élève était muni d'une planchette noircie et de morceaux de craie à l'aide desquels toute la classe répondait simultanément aux questions posées. Après le temps strictement nécessaire pour tracer la déclinaison, le temps du verbe ou la traduction des phrases demandés, un premier signal avertissait de retourner la planchette sur la table, de ma-

Il savait d'ailleurs admirablement exciter l'emulation et la curiosité par la personnalité et la variété de son enseignement, que soutenait, à défaut d'une longue expérience, un travail acharné. C'est ainsi que, devançant la solution encore à venir d'une question débattue depuis longtemps, il initiait ses élèves à la prononciation moderne de la langue grecque, faisant de cette étude une récréation enviée, à cause de l'importance que nos jeunes hellénistes pouvaient se donner en faisant parade auprès des autres de leur petite science.

Enfin, se faisant enfant avec les enfants, il donnait parfois la parole à l'un d'entre eux et le provoquait à redire une histoire qu'il avait lue, un récit entendu dans la famille, et prêtait au petit conteur une oreille attentive et un visage charmé.

nière à cacher la réponse écrite. Au second signal toutes les planchettes se dressaient avec ensemble sous le regard du professeur, qui d'un coup d'œil jugeait le résultat, indiquait la bonne solution, proclamait le succès ou l'erreur de chacun, puis donnait un troisième signal pour faire recommencer ou interrompre l'exercice.

La mise en œuvre d'un pareil outillage n'allait pas sans quelque remuement ou quelque bruit, qui eussent très-facilement dégénéré en désordre, si le professeur n'avait pas été parfaitement maître de sa classe. Mais avec cette condition, on ne pouvait trouver un meilleur procédé pour soulager le corps par un exercice régulier sans nuire à l'application de l'esprit.

Celui-ci, tout ému de captiver un tel auditeur, se montrait quelquefois timide en commençant, mais il s'abandonnait bientôt à sa verve confiante et donnait ainsi au Père le sujet d'une intéressante étude de caractère. C'était bien ce qu'il cherchait, ayant toujours regardé l'enseignement comme un moyen, l'éducation comme le seul but.

Le P. Captier ne resta pas longtemps professeur de grec. Après quelques mois de cette fonction, remplie avec un entrain et une égalité d'humeur qui restèrent dans le souvenir de ses élèves, il fut désigné pour la charge d'économe, laissée vacante par le départ des anciens directeurs. Les qualités d'ordre et d'organisation qu'il avait montrées dans le travail du noviciat furent le motif de ce choix que n'indiquait pas la seule nécessité. Il ne pouvait être question, à ce moment, pour aucun des Tertiaires, de satisfaire leurs goûts, ni même leurs aptitudes les plus légitimes. Les premiers-nés d'une fondation religieuse sont comme les premières assises d'un grand édifice. On y dépose les pierres sans se donner le temps de les tailler; mais, telles qu'elles sont, elles portent le reste et en assurent la solidité. Tel fut le rôle des premiers religieux du Tiers-Ordre enseignant. La situation commandait seule et mesurait à chacun sa part de la besogne commune, aussi grande qu'il la pouvait porter. Le P. Captier reçut la sienne avec une courageuse confiance, sans tenir plus de compte de ses forces que de ses répugnances. Avec une énergie et une intelligence remarquables, il se rendit maître en peu de temps du mécanisme général de cette fonction, aussi bien que des secrètes difficultés d'une situation qu'il n'avait jamais étudiée auparavant. Mais sa santé toujours ingrate, et son temps morcelé par les obligations générales et les devoirs religieux auxquels il voulait rester fidèle le plus possible, ne suffisaient pas à sa tâche. Les heures du jour étaient absorbées par les détails matériels, et la nuit sacrifiée au travail fastidieux des calculs et des transcriptions. A cette double fatigue et à cette préoccupation chargée de minuties et de graves responsabilités, le pauvre religieux aurait promptement succombé sans se plaindre, si on ne l'eût soulagé d'abord par l'adjonction d'un aide et peu après par le changement complet de fonctions.

Dans le même temps il eut à s'occuper de préparer les enfants qui devaient faire leur première communion. Avec quelle joie il se donna à cette occupation, avec quelle reconnaissance il s'en vit honoré, c'est ce qu'on peut deviner déjà et ce qu'il raconte dans une lettre à sa sœur, qui fera connaître les dispositions de son âme à cette époque.

« Samedi j'eus le bonheur d'être appelé au sous-diaconat, et presque aussitôt après j'ai eu à m'occuper tout le jour des enfants de la première communion. J'ai eu là bien de la joie. Décidément on me gâte en me donnant souvent des fonctions qui me font oublier la terre. Ce n'est pas tout, je suis plus que jamais occupé des choses religieuses; j'ai maintenant à faire deux fois par semaine des conférences religieuses aux élèves de troisième et de seconde. C'est là un précieux fardeau. J'ai commencé mes leçons par une exposition de la doctrine chrétienne sur la béatitude, sur le ciel, ce qui m'a fait penser à toi bien souvent pendant mon travail.

« Hier se faisait la première communion, et ce matin nous conduisions à Fourvières nos heureux enfants. J'ai eu la joie de voir faire à *** une première communion admirable. Le bon Dieu aime bien ce petit enfant, il l'attire avec une force admirable et le change de jour en jour. Je te cite celui-là, non qu'il soit le seul, mais parce que sa famille et la nôtre seront toujours unies, et que je suis heureux ici, et comme chrétien, et comme maître, et comme ami du petit enfant. Quand nous voyons les progrès de quelques-uns, nous sommes heureux de nos épreuves et nous nous sentons plus forts pour en supporter de bien plus grandes.

J'ai reçu l'ordre d'étudier la théologie, de manière à me présenter avant peu de temps aux ordinations successives du diaconat et de la prêtrise. Heureux petits enfants, le bon Dieu les aime bien, puisqu'il nous consume ainsi pour eux. Tout cela me semble une vraie immolation. Déjà je ne me sens plus vivre en moi. Il me semble que j'ai tout donné, que je suis incapable de faire plus. Mais que sera-ce bientôt ? Oh ! c'est délicieux de se sentir consumer ainsi par un feu lent qui tue et fait vivre tout à la fois. Me voilà enfin là *pour le bon Dieu* et par le bon Dieu. La nature créée est heureuse de son épuisement et se sent plus forte que jamais pour l'œuvre du bon Dieu. Je ne sais si nous nous suivrons de près dans le dernier voyage, mais je l'espère, à moins que je sache aimer assez les enfants pour mériter de souffrir encore pour eux. Adieu. Que rien ne te trouble dans ces mots sans suite, que je rétracte si le bon Dieu peut en être offensé. »

Pour le bon Dieu: c'était chez le P. Captier une expression familière des élans de son cœur généreux. Elle revenait fréquemment sur ses lèvres, comme sous sa plume. C'est le cri qui inaugura sa vie religieuse, comme il en consacra le terme sanglant!

Dans une autre lettre à sa sœur, il parle de sa première prédication :

« J'ai reçu l'ordre de faire dimanche ma première instruction aux élèves. Ce sera là un genre de travail qui probablement me reviendra assez souvent, puisque je suis déjà employé à donner l'enseignement religieux dans les classes. C'est à Oullins un ministère un peu difficile que celui de la prédication, parce que la critique est souvent inspirée par ceux qui au contraire devraient la réprimer ; et puis il y a des souvenirs qui font paraître un peu terne notre manière toute simple d'exprimer nos pensées. Cependant je crois qu'il y a un véritable bien à faire par ce moyen, et que certaines vérités ne peuvent être dites qu'à l'église. C'est pourquoi je me porte avec joie à ce nouvel exercice, sans me soucier de ce qui peut se dire autour de moi. »

Cet essai fut loin d'annoncer ce que serait plus tard la parole du P. Captier, mûrie par le commerce des âmes et l'exercice de l'autorité ; elle se faisait remarquer déjà par une qualité rare dans les jeunes gens, l'absence de toute recherche, et par une certaine onction dont la gravité, s'imposait aux natures les plus légères. On a vu qu'il venait d'être engagé dans les ordres sacrés; il entrevoyait avec joie et tremblement ces travaux si fructueux, ces consolations si délicieuses. C'était son bonheur de s'exercer au saint ministère par les soins religieux qu'il donnait aux enfants, et il n'avait pas attendu jusque-là pour parler de Dieu à ces petites âmes. Dans les catéchismes, les retraites, et surtout dans les exhortations particulières pour lesquelles il prodiguait le temps de ses récréations et de son repos, il semait à profusion le bon grain de la parole divine, et plusieurs ont pu faire dater de ces moments une résolution décisive pour leur salut.

On sait déjà comment il aimait à associer sa famille, sa sœur surtout, à ses travaux et à ses consolations. Qu'on lise encore cette lettre adressée à son père; on y verra si le zèle de Dieu et des âmes dessèche le cœur du religieux à l'endroit des saintes affections du foyer.

« Mon cher père,

« Je suis heureux de trouver un moment où je puisse vous envoyer quelques souhaits bien affectueux et bien sincères à l'occasion de votre fête.

« Les temps sont durs pour nous; nous vivons

au milieu d'épreuves. Mais enfin, il y a une joie et une paix intérieures qui se rencontrent même au milieu des tribulations. C'est cette joie et cette paix que je vous souhaite par-dessus tout, et que je demande au bon Dieu pour vous, afin que vous supportiez sans trop de chagrin toutes les séparations que le temps a déjà exigées de vous.

« Chaque fois que je mets les pieds dans notre jardin, je pense à ce bon temps où nous allions, petits enfants, vous souhaiter la Saint-Pierre avec de grandes branches de lis en guise de cierges. Nous avons de bien beaux lis cette année, et j'aime y voir un bon présage pour vous.

« Si Tarare était moins loin, j'irais planter leurs longues tiges sur votre fenêtre, sur votre cheminée, aux quatre coins de votre chambre, et vous demander ensuite votre baiser de père. Mais, vous le savez, je suis père aussi de nombreux enfants et mon devoir me retient au milieu d'eux.

« Pardonnez-moi donc mon absence, et donnez-moi de loin, du fond de votre cœur, votre bénédiction : elle me portera bonheur. »

Le P. Captier termina son premier stage à Oullins par l'exercice de la plus difficile des fonctions de l'enseignement, celle de surveillant. Bien que dans les maisons religieuses cette position soit loin d'être comparable à celle qui y correspond dans d'autres collèges laïques, elle n'en est pas moins pleine de fatigues et d'assujettissements, et mal dédommagée par la réserve défiante des élèves pour ceux qui ont à lutter sans cesse contre leur paresse et leur dissipation. Le P. Captier, en recevant cette charge, n'était pas assez éloigné de sa propre vie d'écolier pour en ignorer les ennuis. Mais qu'importait sa peine ? n'était-ce pas encore pour le bon Dieu, et n'y avait-il pas là du bien à faire aux âmes ?

Il s'appliqua surtout à restaurer la discipline un peu relâchée par le changement trop fréquent des maîtres d'étude, car le manque de stabilité dans une portion du personnel avait été une conséquence forcée de l'avénement des nouveaux directeurs, qui ne pouvaient avoir encore les relations et les renseignements suffisants pour faire des choix bien durables. Le P. Captier trouva le moyen de faire servir ses heures de silence à l'étude de la théologie et à la préparation au sacerdoce, qu'il devait faire seul et un peu hâtivement.

Dans le courant de l'année 1856, l'appel du P. Lacordaire vint l'enlever à ces humbles fonctions et le transférer à Sorèze. En y arrivant, il fut ordonné prêtre et aussitôt investi de la fonction de Maître des novices et de celle de Censeur qu'il exerça simultanément pendant quelques mois.

Cette double tâche présentait de graves difficultés à cause de la grande différence qui existait alors entre le milieu d'Oullins et celui de Sorèze.

Cédée depuis peu au Tiers-Ordre enseignant, la vieille école bénédictine était dirigée en personne par le P. Lacordaire, qui se plaisait à rajeunir cette antique gloire désormais inséparablement unie à son nom. « Dès le ixe siècle, Sorèze comptait parmi les abbayes dont l'ordre de Saint-Benoît avait couvert le sol de la chrétienté. Fondée à l'extrémité d'une chaîne de montagnes qui s'appuie au massif profond des Cévennes et vient expirer en face des dernières ondulations des Pyrénées, Sorèze acquit un nom célèbre par l'école que les Bénédictins y instituèrent vers la fin du xviie siècle, et qui prit sa dernière forme, de 1757 à 1790, entre les mains de dom Fougeras et de dom Despaulx, les glorieux continuateurs de dom Hody, premier père de cette maison. Tandis que les idiomes de la Grèce et de Rome faisaient presque tout le fond des études classiques, les créateurs de l'école de Sorèze conçurent la pensée d'unir dans une même trame la religion, les lettres, les sciences, les arts de l'esprit

et ceux du corps, et de les inculquer ensemble à
la jeunesse par un enseignement aussi varié que
vigoureux. Il résulta de cette marche, nouvelle
alors, une éducation qui hâtait la maturité de
l'homme sans flétrir la grâce de son adolescence.
L'élève de Sorèze se reconnaissait à une politesse
précoce, à une tenue remarquable, à un développement plus rapide des facultés de l'âme et des
dons extérieurs.

Aussi, quand éclata sur notre pays la tempête
qui devait en modifier toutes les institutions, parmi
tant d'hommes que la patrie eut à connaître sur les
champs de bataille et dans les offices civils, Sorèze
compta de nombreux représentants, et le vieux
dom Despaulx, errant dans Paris, fut découvert et
honoré par celui qui disposait alors des destinées
de la France, et qui avait appris des plus chers
compagnons de sa gloire le nom et les services du
dernier fondateur de Sorèze. Il arriva même, par
une miraculeuse exception, que la vie de l'école
ne fut pas interrompue un seul jour. Quand tout
tombait sous les coups d'une destruction qui
n'avait ni le sens du passé ni celui de l'avenir,
Sorèze demeura debout au pied de sa montagne :
pas une pierre ne se détacha de ses murs, pas un
arbre ne fut arraché de son parc, et sa cloche fidèle

ne cessa d'appeler des disciples aux leçons de leurs maîtres. »

Toutefois, une période même glorieuse de soixante années ne passe pas sur une école sans y semer des germes dangereux. A une longue prospérité avait succédé une lente mais véritable décadence, et, malgré l'ascendant et le prestige qui s'attachaient à la personne du P. Lacordaire, il y avait encore beaucoup à lutter. Surtout le caractère plus impétueux des fils du Midi, comme aussi des habitudes anciennes encore persistantes rendaient difficile l'exercice de l'autorité disciplinaire.

Du côté du noviciat, le fardeau n'était pas moins redoutable. Le P. Lacordaire avait voulu dans les premiers temps en conserver la direction immédiate. Lorsqu'il dut confier cette direction au P. Captier, il ne pouvait y avoir encore de traditions bien établies. Dans une congrégation aussi jeune, dont les tendances étaient à peine définies, les Constitutions tout nouvellement fixées, que de prudence, de tact, de vertu ne demandait pas la conduite de jeunes gens venus du monde pour la plupart, attirés trop souvent par l'auréole extérieure du P. Lacordaire ! Quelles grâces n'étaient pas nécessaires pour discerner les vocations, les encourager et les soutenir, tout cela au milieu des exigences pratiques de la vie de collége à laquelle les novices étaient forcément mêlés ; et quelle énergie pour maintenir l'esprit de pénitence, de prière, de recueillement, au travers de ces occupations dont on ne pouvait encore exempter les jeunes aspirants !... C'est au divin Pasteur des âmes que le pieux maître des novices demandait en toute confiance les grâces nécessaires pour faire face à tant d'obligations ; elles ne lui furent pas refusées. Il trouvait encore dans les prières de sa sœur et dans la correspondance assidue qu'il entretenait avec elle, un puissant soutien. Mais bientôt cette auxiliaire dévouée lui allait être ravie.

Une maladie de cœur, dont elle souffrait depuis longtemps déjà, prit, après le départ de ses frères, une gravité alarmante. Mlle Captier savait son mal sans remède, et cette pensée, loin de l'assombrir, lui était douce. Elle voyait venir la mort avec une paix et une sérénité d'âme qui témoignaient combien la foi avait complétement triomphé en elle des défaillances de la nature. Sous la menace incessante de crises terribles, consumée par un mal qui ne lui laissait pas de relâche, elle ne semblait occupée que des autres, et écrivait encore sur son lit, d'une plume rapide et facile, de nombreuses lettres doublement chères aux siens, parce qu'elle savait y mettre de son esprit et de son cœur, et par le prix qui s'attache aux dernières lignes qu'une main fraternelle a tracées. Dans le déclin chaque jour croissant de ses forces physiques, l'âme demeurait entière. Il était visible pour ceux qui l'approchaient qu'au milieu de ses longues souffrances cette âme était arrivée, par un plus entier dégagement de tout ce qui n'est pas Dieu, à une maturité dans le bien, à une élévation de vie spirituelle, à une perfection de vertu qui sont comme le signe de l'œuvre accomplie.

Le 15 mars 1857, elle achevait de mourir à l'âge de trente-huit ans, imitant sa mère dans la brièveté de sa vie, comme elle l'avait imitée dans la pratique de ses vertus.

La mort de sa fille achevait pour M. Captier la solitude du foyer domestique, où ses fils venaient désormais bien rarement s'asseoir. Dans ces courtes et graves réunions de famille, rien n'était beau et chrétien comme la compagnie de ces trois hommes, dont les voies, distinctes par la vocation divine, restaient étroitement unies par la communauté double de l'esprit de famille et de dévouement. Malgré l'austérité de leur vie présente et les regrets du passé, ils retrouvaient pour ces heures de rapprochement des sourires et des paroles enjouées. Parfois un ami, ancien condisciple des deux frères, ou fils spirituel du P. Captier, était admis dans cette maison hospitalière. Quel qu'il fût, il ne pouvait contempler sans émotion ce vieillard ayant autour de lui, d'un côté les tombes vénérées de sa femme et de sa fille, de l'autre ces deux jeunes prêtres, témoignages vivants des sacrifices que Dieu lui avait demandés et qu'il avait si généreusement accomplis.

CHAPITRE VI

Le P. Captier revient à Oullins en qualité de Prieur. — Comment il surmonte les difficultés de sa position. — Il fortifie les études et la discipline. — Ses rapports avec les familles. — Les moyens d'émulation. — Les récréations et les fêtes. — La direction des élèves. — Vie intérieure du P. Captier, son désir du *martyre* ; influence exercée sur les jeunes gens.

Le P. Captier n'avait trouvé à Sorèze d'autre attachement que la présence du P. Lacordaire, dont il ne jouissait d'ailleurs que bien rarement, ne voulant point disputer aux élèves ces loisirs précieux qui leur appartenaient tout entiers. Sans nuire à l'estime que commandait partout son caractère, les fonctions de censeur n'étaient pas faites pour lui concilier d'abord l'affection du grand nombre. Aussi, n'ayant pas refusé le fardeau, il ne dut pas se plaindre néanmoins d'en être déchargé, lorsqu'après un an et demi l'obéissance le ramena à Oullins en qualité de prieur.

Il est permis de croire qu'un plus long séjour à Sorèze eût attiré à son âme de prêtre ces âmes méridionales aux généreuses aspirations, mais une rencontre de quelques mois ne suffisait pas pour créer les affections qui durent; et on peut dire que d'aucun côté le départ du P. Captier ne causa des regrets bien profonds. En revanche, la lourde responsabilité qui l'attendait à Oullins tempérait la joie de son retour dans son cher collége; et il n'était pas besoin que l'humilité vînt exagérer des difficultés malheureusement trop réelles.

Le P. Cédoz, qui avait eu la mission difficile d'inaugurer dans le collége la vie religieuse et les traditions dominicaines, s'était épuisé dans une laborieuse et pénible administration. Sa retraite, rendue nécessaire par la défaillance de ses forces, n'était pas accueillie favorablement par cette opinion du dehors, qui juge tout dans les choses religieuses sans tenir aucun compte des besoins de la communauté. Elle avait bien sanctionné la substitution du Tiers-Ordre aux anciens directeurs, mais elle ne voulait pas admettre d'autres motifs que ceux de l'âge ou de l'impuissance absolue pour nécessiter un changement de supérieur, surtout à si brève échéance; et l'expression trop peu contenue de regrets honorables et bien légitimes pour la personne du P. Cédoz, se tournait en défiance injuste à l'égard du nouveau supérieur. Les rapports que le P. Captier avait eus comme économe avec les familles avant son départ pour Sorèze n'avaient pu, à la vérité, le faire apprécier au point de vue de sa nouvelle et si différente charge.

Du côté des élèves le terrain était aussi ingrat. A l'exception d'un petit nombre qui lui gardaient la reconnaissance des marques particulières de sa bonté et de son dévouement, la masse de ceux qui l'avaient connu n'avaient souvenir que de l'homme de discipline, austère, inflexible, qui, deux ans auparavant, contrariait leur paresse et gênait leur légèreté. D'ailleurs le préjugé assez commun qui porte les écoliers à n'accorder à leurs surveillants que des capacités bornées diminuait encore les présomptions favorables au nouveau directeur. Un maître d'études devenir supérieur, c'était trop fort pour ces jeunes têtes absolues dans leurs défiances comme dans leurs abandons. Tout au moins cela ne s'était jamais vu. Les gémissements des parents avaient donc leur écho dans les critiques écolières, qui occupent avec les souvenirs de vacances les conversations des premiers jours de rentrée.

Enfin les maîtres eux-mêmes furent surpris de voir placer à leur tête ce religieux si jeune, naguère à peine leur émule dans les fonctions communes de l'enseignement. Plusieurs avaient été ses maîtres : ils rendaient justice à son énergie et à sa vertu, mais ils pouvaient douter de ses capacités, que les concours du collége n'avaient pas mises en lumière. Aussi, comme les élèves, pensaient ils qu'il fallait attendre.

Plus que tous encore le P. Captier reconnaissait ses côtés faibles et les lacunes de sa première formation. Mais il avait mis son espoir en Celui qui fortifie, et il ne doutait point de l'efficacité du secours d'en haut. Sans doute il eût voulu retrouver à ce moment les heures que lui avait fait perdre la maladie ou l'indocilité de son enfance ; mais, esprit pratique et plein de foi, il comprenait qu'il ne devait pas plus s'arrêter à d'inutiles regrets que se dérober à la tâche présente par la reprise de ses études tronquées ou interrompues. Faisant face à la situation, il se dit que si, à défaut d'une grande science acquise, il donnait généreusement tout son temps et toute son âme, Dieu lui devrait de faire le reste. Ce fut en effet toute sa tactique et son plan de gouvernement de se donner tout entier, *impendam et superimpendar*, à l'exemple de S. Paul à qui il avait déjà emprunté sa courageuse devise (1).

Il se dégagea avec soin de toute occupation superflue, afin de pouvoir donner aux enfants dont il devenait le père tout le temps que ne réclamait pas le strict accomplissement de ses devoirs de religieux. Dès le matin après sa messe, sa porte était ouverte à tous, et il interrompait au premier appel son travail ou sa correspondance, fermant le livre et déposant la plume pour accueillir le visiteur quel qu'il fût. Grands et petits prirent bientôt l'habitude de venir déposer dans ce cœur paternel leurs chagrins, leurs hontes, leurs colères, et ces mille peines que font évanouir un mot du cœur, une parole de raison, tandis que les rebuts ou seulement l'indifférence les font se contracter, comme la plaie du soldat oublié sur le champ de bataille se ferme pendant la nuit pour se rouvrir le matin plus douloureuse et plus inguérissable.

Ce n'était pas assez d'attendre et de recevoir ceux qui se présentaient; il allait franchement au-devant de ceux qu'effarouchaient un peu ses dehors sévères,

---

(1) *Omnia possum in eo qui me confortat* : Je puis tout en celui qui me fortifie. S. Paul, Philip. iv, 13.
Cette phrase était gravée sur le cachet prioral du P. Captier, autour d'un écusson portant un calice surmonté d'une palme et d'une branche de lis, en sautoir.

et, malgré la difficulté que lui donnait un premier abord un peu froid, il eut bien vite raison des défiances et des réserves par cette bonté laborieuse dont on lui savait gré, parce qu'on en comprenait les sacrifices, et dont on ne songeait pas à abuser, quand même elle n'aurait pas été protégée par une dignité impossible à méconnaître et à braver.

Maître désormais de la situation, il pouvait compter déjà sur la confiance de ses enfants et la déférence sympathique de ses collaborateurs.

Lorsqu'il eut ainsi établi sur l'estime et l'affection l'autorité de son initiative, le P. Captier dut s'occuper des deux questions pratiques qui font la valeur d'une maison d'éducation : les études et la discipline. Après les changements introduits par le P. Lacordaire dans les méthodes de l'ancien Oullins, il fallut se rapprocher encore des usages universitaires, du moins quant aux programmes et à l'organisation des études. D'ailleurs il y avait à lutter contre une tradition équivoque, qui laissait il est vrai, aux bons élèves la faculté de s'adonner plus sérieusement à telle ou telle branche préférée de leurs études, mais à la faveur de laquelle les paresseux échappaient trop aisément au contrôle et à la correction qu'ils méritaient. Cette direction très-libérale des esprits avait son avantage réel au point de vue de leur formation définitive, mais elle ne pouvait aucunement se concilier avec les exigences désormais inévitables du baccalauréat, dont les épreuves aggravées et troublées par la bifurcation allaient devenir la consécration presque obligée des études classiques.

On sait qu'en 1840, dans les beaux jours de l'ancien Oullins, ce grade n'était recherché que par ceux qui en avaient besoin pour s'ouvrir une carrière déterminée, et par quelques jeunes gens plus particulièrement studieux. Tandis que plus tard, la loi, la mode et la spéculation s'en mêlant, le diplôme de bachelier devint bientôt le plus banal, le plus nécessaire et parfois le plus insignifiant des brevets. Oullins, avec tous les établissements libres, dut accepter les exigences de ce mouvement, tout en conservant le plus possible à l'enseignement une valeur intrinsèque et un caractère distinct de ces préparations hâtives qui mettent l'esprit pour longtemps dans l'état d'un terrain stérilisé par une récolte imprudente et prématurée.

Des succès réguliers récompensèrent les efforts du P. Captier et de ses aides. L'éducation polie qui se donnait à Oullins avait déjà obtenu le suffrage des familles lyonnaises. Il s'y joignit peu à peu un renom de bonnes études qui acheva de constituer à l'*Ecole* (1) dominicaine une notoriété de bon aloi.

La discipline est l'indispensable appui des bonnes études. Le P. Captier eut souvent dans cette partie de sa tâche des conceptions aussi ha-

---

(1) Ce nom d'*École* avait été substitué à celui de collége, interdit aux établissements libres par une décision du gouvernement. A cette occasion le P. Captier adressa aux journaux de Lyon la lettre suivante, pleine de confiance et de spirituelles railleries :

« Monsieur le rédacteur,

« Permettez-moi d'annoncer dans votre journal un changement survenu dans notre ex-collége Saint-Thomas d'Aquin. Je ne sais si le changement est grave ou léger, heureux ou triste. Nos élèves n'en sont pas moins nombreux, ni nos classes plus troublées, rien à l'intérieur ne marque un changement, si ce n'est une joie un peu plus bruyante que de coutume, encore résulte-t-elle principalement d'une amnistie de pensums.

« Un décret inséré au *Moniteur* nous apprend que nous ne sommes plus un collége. Depuis six ans et demi nous portions en paix ce titre orgueilleux, sans nous douter que cela nous ramènerait à l'école. Voilà que ce nom de *collége* est désormais réservé aux établissements subventionnés par les communes et que nous n'avons l'honneur d'être qu'une école libre. Il faut donc changer de nom et nous appeler dès ce jour *École Saint-Thomas d'Aquin*. Si cette appellation paraît prétentieuse, qu'on veuille bien l'excuser en considérant que nous ne l'avons ni cherché ni voulu. Ce n'est pas par un nom nouveau que nous désirons *anoblir* notre institution, mais par le travail, le savoir et le dévouement. Toutefois nous acceptons l'augure et nous tâcherons de devenir une grande école digne du patronage de S. Thomas d'Aquin, que le décret ne nous a point enlevé.

biles que prudentes, qu'il devait moins à une expérience encore bien courte qu'à ces qualités maîtresses de précision et de régularité que nous reconnaîtrons dans tous ses actes, à une certaine intuition des besoins et des situations, à sa prévoyance toujours en éveil. Dans cet ordre de choses, comme partout en général, les anciens directeurs d'Oullins avaient laissé beaucoup à l'initiative individuelle qu'ils avaient su faire naître et qu'ils pouvaient d'autant mieux respecter qu'ils en avaient éprouvé la prudence par une longue collaboration. La constitution du nouveau personnel, le changement périodique du supérieur, le remplacement imprévu et toujours possible d'un religieux par un autre ne permettaient pas de laisser aux procédés et aux exigences la même latitude. Le nombre des élèves, qui tendait à s'accroître, faisait prévoir aussi la nécessité d'une direction un peu plus rigoureuse sans cesser d'être paternelle.

Pour atteindre ce but, le P. Captier entreprit la rédaction d'un règlement très-précis, très-clair et suffisamment détaillé, qui plus tard servit de base au règlement général des écoles du Tiers-Ordre. Jusque-là, bien qu'on eût conservé une grande entente et une grande homogénéité dans l'exercic du gouvernement et dans la répression des fautes, l'appréciation du maître et la décision personnelle du supérieur pouvaient être trop facilement suspectées et mises en cause. En se liant les mains dans une certaine mesure par la publication d'une règle ouvertement promulguée et appliquée, le supérieur, sans rien perdre de son autorité, dégageait sa personne et celle de ses auxiliaires de tout soupçon d'arbitraire ou de partialité. Le recours hiérarchique était d'ailleurs maintenu, mais le Père ne permettait jamais qu'il pût en résulter quelque amoindrissement du respect et de l'autorité du maître, quel qu'il fût. Son tact, sa douceur et sa fermeté faisaient accepter à l'enfant la punition la plus dure, comme expiation de sa faute avouée ou lumineusement démontrée. L'adoucissement, s'il était jugé utile, venait ensuite comme une concession du maître, non comme une victoire de l'élève ou un caprice du supérieur.

Grâce à cette organisation et à la vigilance qui le tenait au courant des plus petites choses, le P. Captier se trouvait renseigné parfaitement sur l'état quotidien de chacun des membres de sa famille d'enfants. Il se mit dès lors en fréquente communication avec les parents, avec les mères surtout, charmées de suivre pas à pas les évolutions de l'âme de leurs fils. Les préventions et les craintes du début étaient tombées devant les marques d'activité prévoyante et de sollicitude que donnaient la correspondance et les entretiens du nouveau prieur. Les pères admiraient cette énergie patiente, cette haute raison cherchant à convaincre plutôt qu'à s'imposer. Les mères sentaient qu'elles étaient dignement suppléées par ce cœur si chaud et si pur, qui savait deviner toutes les délicatesses intimes de leurs inquiétudes et compatir aux faiblesses de leurs chers enfants. Tous s'inclinaient devant cette jeune maturité, si intelligente et si respectueuse des prérogatives de la famille, si ferme dans la défense de ses droits contre les défaillances de l'éducation moderne. Comment méconnaître en effet la tendresse unie à la clairvoyance que reflètent si bien certaines pages de ses discours !

« Mesdames qui m'écoutez et qui êtes mères, c'est pour la plupart d'entre vous un jour bien douloureux que celui qui consomme l'entrée de votre fils au collége. Quand vous venez, craintives et irrésolues, nous parler de ce cher petit être qui ne vous a pas quittées ; quand vous essayez de verser de votre cœur dans le nôtre cette autorité venue de Dieu même, qui vous est à la fois une épreuve et un incomparable bonheur, oh ! que de luttes dans votre conscience! Le devoir vous commande une confiance que tous vos instincts de mère repoussent. La raison et la sensibilité se livrent un combat secret tant que durent ces entretiens glacés dont la politesse et la prudence choisissent tous les mots ; puis bientôt la lutte, brisant l'obstacle, se trahit au dehors, et votre sollicitude de mère parle enfin ce langage qui n'appartient qu'au plus pieux et au plus saint des sentiments de la nature. Quelles tentations pour vous, Mesdames, d'oublier en cet instant les graves motifs qui ont amené l'épreuve de la séparation ! Combien l'école ou le collége doit vous paraître triste! combien l'instituteur doit vous glacer quand il cherche à soulager votre douleur ! car il n'a jamais connu que l'écho du cri de la tendresse maternelle. Plaignez-nous donc un peu, Mesdames, d'inaugurer notre ministère par des scènes où nous sommes si impuissants, et qui menacent de blesser la sensibilité délicate et irréfléchie de l'enfant. Elevez vos cœurs, fortifiez-vous par quelque pensée généreuse avant que sonne l'heure du chagrin. Dieu vous a rendues mères; Dieu est le maître des cœurs; il peut nous incliner à la tendresse, nous aussi, et nous faire ainsi les dignes héritiers de votre sollicitude. Que je vous confie un sentiment que j'ai toujours éprouvé; l'enfant que vous nous amenez ne nous semble jamais inconnu; surtout il ne nous trouve jamais indifférent. Voilà le petit envoyé du bon Dieu, disons-nous tout bas; Dieu, qui par des voies secrètes gouverne les pensées des hommes, Dieu nous l'a choisi; il nous prépare les moyens de lui faire du bien. La volonté de Dieu, que nous aimons, établit entre l'enfant et nous une parenté spirituelle. Chaque nouvel arrivé a de la sorte une place marquée dans nos affections; il agrandit le cercle de notre famille. Notre regard, alors guidé par une pieuse sollicitude et par une tendresse mêlée de curiosité, s'attache à lui et le suit partout, jusqu'à ce que nous ayons pénétré le secret de sa vie morale. Voilà le vrai commencement de notre ministère (1). »

Le but de l'éducation n'est pas tant de réprimer les fautes actuelles et de corriger les saillies de caractères d'un enfant que de le préparer aux luttes de la vie; et l'objectif de ceux qui assument cette charge ne peut être borné au soin d'assurer la régularité dans le collége. L'éducateur doit rendre des hommes, et non des enfants grandis, à la famille qui lui a confié ses espérances, à la société qui, en patronant son œuvre, se décharge sur lui d'une

---

(1) *Discours et conférences*, p. 96.

partie de ses obligations. C'était la conviction du P. Captier, souvent formulée dans ses actes, et qu'il s'efforçait de traduire et d'appliquer dans son action publique ou intime sur ses élèves. Il poursuivait surtout deux choses : l'elévation du caractère, l'illumination de la conscience religieuse, qui font l'honnête homme et le chrétien ; et à l'accomplissement de cette double tâche il faisait concourir toutes les ressources de son esprit et toutes les générosités communicatives de son cœur. L'audace et la prudence s'alliaient avec à-propos dans ses essais généralement heureux. Il emprunta aux souvenirs de Sorèze deux institutions qui trouvèrent un bon accueil et un prompt développement dans la famille d'Oullins : l'*Athénée* et l'*Institut*. L'Athénée est une Académie littéraire, où ne sont admis que les élèves des hautes classes qui ont mérité ce choix par leur conduite et leurs succès. Il fut inauguré avec une grande solennité par le P. Lacordaire lui-même, qui lui donna pour devise le texte d'un de ses discours les plus célèbres : *Esto vir, Soyez homme.*

Un peu plus tard, le P. Captier établit l'Institut, division privilégiée de douze membres, qui jouit pour ses récréations de l'enceinte du parc. C'est le Prieur qui les choisit, rapprochant ainsi de sa personne et de la vie ordinaire un petit nombre d'élèves qui, par leur ancienneté, leur âge, leurs vertus et leurs droits, deviennent la tête de l'école, dont ils doivent maintenir les traditions par leurs exemples et la renommée par leurs succès.

On a souvent déploré avec trop de raison les résultats du brusque contraste qui fait passer l'adolescent de la discipline du collége à la trop complète indépendance de la vie d'étudiant, ou aux oisives péoccupations du monde. L'*Institut*, émanation de la vie de famille, préparant graduellement la liberté future du jeune homme, devait avoir et eut ce résultat d'atténuer les périls de ce changement de température morale et d'en ménager la transition.

L'établissement et la pratique de ce procédé nouveau dans la conduite des écoliers présentaient une sorte de hardiesse heurtant les idées reçues, et cela plus vivement encore dans un milieu austère et respectueux de la tradition. Promptes à s'alarmer de ce qu'elles prenaient pour une lâche concession aux exigences et aux utopies modernes, les familles lyonnaises avaient accueilli avec défiance l'innovation qu'elles bénirent quand elles en eurent apprécié les fruits sérieux. Le P. Captier avait compté sur l'avenir pour sa justification et il ne fut pas trompé. Les élèves, pour qui les priviléges et les commodités de la nouvelle institution avaient été au début la considération principale, entrèrent rapidement dans la pensée de leur maître et secondèrent noblement ses généreuses intentions.

Cette confiance accordée aux meilleurs et aux plus grands élèves, cet apprentissage de la responsabilité, ne pouvaient-ils pas être étendus aux plus jeunes avec des modifications appropriées à la plus grande mobilité de leur âge ?

Ce fut la pensée du P. Captier en instituant les *certificats d'excellence*, diplômes temporaires qui confèrent pour un mois seulement à ceux qui les ont obtenus quelques-uns des priviléges de l'Institut : une certaine latitude pendant les récréations et l'exemption des punitions ordinaires.

La base de cette échelle de récompenses morales était le tableau d'honneur qui fournissait la matière des choix pour l'Institut et le certificat. L'inscription au tableau d'honneur, condition *sine qua non* de toute récompense et de toute distinction dans l'école, était mensuelle. Elle ne résultait pas comme ailleurs du chiffre toujours un peu brutal d'une note, mais d'une véritable enquête sur le travail, la conduite, et plus encore les progrès moraux de chaque élève. Cette enquête avait lieu dans une réunion hebdomadaire de tous les maîtres, où chacun, après le professeur de la classe, était appelé à faire ses remarques et à donner son avis sur l'élève qu'il s'agissait de porter au tableau d'honneur, au certificat, ou d'élire à l'Institut. On conçoit le prestige que de telles attributions donnaient à ce conseil devant ceux qui voyaient dépendre de ces décisions le succès de toutes leurs ambitions et de tous leurs rêves d'écoliers. Ils se sentaient surveillés, et aussi soutenus, encouragés par cette espèce d'opinion publique qu'il fallait se rendre favorable et qu'on ne pouvait tromper aussi facilement qu'un maître isolé. De là la nécessité d'être laborieux, docile, loyal partout et toujours, s'imposant à ces jeunes âmes, modifiait peu à peu les caractères et formait les mœurs.

D'autre part ces appréciations communes faisaient la lumière pour tous, équilibraient la bonne et la mauvaise chance; par elles les triomphes trop faciles étaient réduits à leur juste valeur, et l'insuccès ne privait pas de toute récompense celui qui avait vraiment lutté selon ses forces.

Le résultat de ces délibérations, en ce qui concernait les élèves, était promulgué le dimanche devant la communauté assemblée. De cette réunion qui avait eu d'abord pour objet la proclamation des notes obtenues pendant la semaine, le P. Captier avait fait une sorte de cour plénière où justice complète était rendue à tous les mérites et à toutes les fautes. Il y distribuait à tour de rôle l'éloge et le blâme, l'encouragement et la correction, trouvant pour ces mercuriales des expressions souvent heureuses, toujours énergiques et précises. C'est là encore qu'étaient proclamées les punitions graves et les distinctions enviées, qu'étaient annoncés les congés et les fêtes, que les élèves étaient mis au courant des événements qui intéressent leur petit monde.

Après l'âme, le corps eut sa part légitime dans les soucis du P. Captier. Il avait trop souffert des retards apportés à son propre développement par la faiblesse et la maladie, pour ne pas se préoccuper pratiquement de la réalisation du vieil adage : *Mens sana in corpore sano : une âme saine dans un corps valide.* Il fit prendre une grande importance aux exercices de gymnastique un peu abandonnés par la génération précédente qui avait passé à Oullins. Les appareils furent mis en état ou renouvelés. En se prêtant à une combinaison de jeux et de manœuvres militaires qui intéressaient utilement les élèves, sans qu'on en prévît hélas! la future importance, on obtint pour les exercices du corps des progrès qui ne tardèrent pas à se traduire par une conformation plus vigoureuse et plus saine des organes, aussi bien que par une trempe plus énergique des caractères.

Pour tout homme compétent, les récréations sont une des plus grandes difficultés des internats. Du nombre et de la distribution des heures qui y sont consacrées, mais surtout de leur bon emploi, dépendent, plus qu'on ne saurait dire, la conservation de la santé physique et morale des individus, non moins que l'hygiène générale, le progrès ou la décadence mérités d'un établissement. Par ses conseils, ses encouragements, son exemple même, le P. Captier s'attacha à mettre en honneur les jeux d'adresse et les exercices violents qui calment les sens et arrachent les imaginations aux rêveries malsaines. Les conversations, les fréquentations particulières, la formation des groupes, ces foyers de critiques et de plaisanteries équivoques, furent l'objet d'une sollicitude vigilante qui se rendait compte de tout, mais ne touchait à rien qu'avec une véritable opportunité et une extrême prudence.

Il faut, pour entretenir le bon esprit dans une maison, en outre des récréations et des promenades réglées, des jours de congés extraordinaires et des distractions imprévues. Le choix de ces divertissements, leur convenance, leur innocuité ont de tout temps préoccupé les éducateurs de la jeunesse. On a beaucoup discuté ces questions, et il est arrivé que dans une même donnée on a reconnu à la fois les plus grands avantages et les pires dangers. Sans rejeter absolument la pompe extérieure et la solennité d'apparat qui avaient leur place et leur rôle à certains jours, le P. Captier voulait donner habituellement aux amusements de ses élèves le caractère tout intime et discret des plaisirs de la famille qu'il prenait en tout pour idéal. Les souvenirs de Sorèze lui suggérèrent encore une heureuse importation, dont la forme un peu modifiée s'accommoda très-bien au tempérament d'Oullins. Les élèves des trois divisions choisis pour leur mérite, ou désignés par les distinctions dont nous avons parlé, furent invités à certains jours à des *soirées*. Ce nom nullement écolier et même un peu mondain, le parloir bien éclairé remplaçant la salle d'étude pour rappeler le salon de famille, auraient presque suffi à épanouir ces jeunes visages et à leur rendre ce délicieux sourire que l'appareil forcément austère du collége éteint dans leurs yeux et glace sur leurs lèvres. Dans cette disposition préalable il n'était pas besoin de grands frais pour occuper des instants toujours trop courts : un peu de musique, des chants, des jeux, des causeries y suffisaient abondamment. Dans les intervalles, des groupes se formaient autour des maîtres familièrement mêlés à cette jeunesse. Le Père allait de l'un à l'autre, les animant d'un trait d'esprit, les égayant d'un sourire, d'une caresse, enveloppant dans la plaisanterie parfois un compliment mérité, plus souvent une fine malice qui visait un petit défaut de caractère et l'atteignait plus sûrement que des reproches officiels. Le lendemain et les jours suivants les incidents de la *soirée* défrayaient abondamment les conversations, et les esprits se trouvaient ainsi préservés de ces rêveries malsaines qu'engendrent le désœuvrement et le vide de l'imagination.

Travail, discipline, récréations, développements de l'âme et du corps, tels sont les éléments dont le P. Captier avait composé la vie de collége. L'esquisse en serait incomplète si on négligeait le ressort qui animait cette vie : la piété utile à tout (1) et que rien ne remplace. « Plus il y a de piété dans l'éducation, avait très-bien dit M. Dauphin, plus il y a de distinction dans les habitudes, d'amabilité dans les caractères et de noblesse dans

---

(1) *Pietas ad omnia utilis est.* S. Paul.

les cœurs (1). » Les traditions de l'ancien Oullins à cet égard n'avaient donc pas besoin d'être changées, mais seulement entretenues et fortifiées. L'enseignement religieux qui avait exercé les débuts du P. Captier, eut sa première sollicitude quand il fut devenu prieur; il se réserva toujours le soin de le diriger et de le contrôler par lui-même. Il aimait aussi à entretenir fréquemment ses enfants des choses de Dieu, soit dans de courtes méditations faites dans les salles d'études après la prière du matin, soit à la chapelle, les jours de fête, ou pendant l'avent et le carême. Ces discours, qui avaient d'abord paru ternes et froids en comparaison des accents colorés et pleins de chaleur auxquels ses prédécesseurs avaient habitué les échos d'Oullins, ne tardèrent pas à attirer la curiosité et à fixer l'attention des plus grands élèves, séduits par des idées larges et nobles et des points de vue inaccoutumés.

En même temps qu'il s'appliquait à donner un aliment solide à la raison et à la foi de ses jeunes auditeurs, il s'efforçait, dans les entretiens particuliers et dans le ministère de la direction, de former des consciences droites et éclairées, de créer des ha-

(1) *De l'Education*, p 416.

bitudes de vertu et d'enraciner fortement les pratiques pieuses dans le solide terrain du devoir. Tout en tenant compte des dispositions individuelles et de ce que chacun pouvait porter, il faisait néanmoins pénétrer dans le plus grand nombre les notions si méconnues et pourtant si absolument nécessaires de la mortification chrétienne. Il ne demandait pas à tous ce qui ne peut venir que de l'inspiration de la grâce, mais il saisissait toutes les occasions usuelles pour en tirer des leçons de patience et de victoire sur soi-même. C'était tantôt la fatigue d'une indisposition légère, l'incommodité du froid et du chaud qu'il enseignait à supporter sans se plaindre et sans chercher un soulagement raffiné; ou bien un travail difficile, la privation d'une réjouissance attendue, une déception, un reproche immérité, l'antipathie ou les taquineries d'un camarade, qui fournissaient la matière de cet enseignement pratique de la souffrance. Toutes ces contrariétés se transformaient en occasions d'efforts généreux, encouragés et soutenus par l'esprit de foi. Avec la piété s'était introduite la pratique du précepte de l'Apôtre : Entr'aidez-vous pour porter vos fardeaux. L'opinion était devenue respectueuse pour ceux qui remplissaient le mieux leurs devoirs religieux et scolaires. Non-seulement on n'osait plus railler les *sages*, mais il y eut des têtes légères prises de bon vouloir qui recherchèrent leur compagnie, autant pour l'attrait qu'inspire toujours la vertu franche et loyale que pour se faire communiquer quelque chose de cette satisfaction calme et sereine qu'ils jugeaient préférable aux vides et aux troubles de la paresse et de la dissipation.

Des résultats aussi consolants ne sauraient être dus à la seule efficacité d'une habile organisation, ou aux entraînements d'une parole persuasive. L'action de la grâce était visible; elle apparaissait dans le P. Captier, comme un don de recueillement, d'union surnaturelle avec Dieu, très-remarquable dans une existence à ce point dévorée par les occupations extérieures. Les heures consacrées officiellement à la piété lui étaient pourtant mesurées bien parcimonieusement par ses obligations d'état.

Dès le matin au sortir de la messe, son temps appartenait aux hommes, mais son âme, en se prêtant à leurs besoins, restait tournée vers Dieu et ne se donnait qu'à lui. La permanence de cette union intime se faisait sentir dans tous ses actes. Dans sa tenue, son geste, ses paroles, respirait une onction grave et pénétrante qui trahissait ce divin commerce. C'était sa force, sa puissance, le secret d'une énergie calme et patiente à laquelle on résistait difficilement, qui faisait plier la révolte et déconcertait le caprice. Chaque fois qu'il se trouvait en face d'un de ces jeunes insoumis que leur faiblesse même rend si difficiles à dompter, on eût dit qu'il se ramassait pour ainsi dire dans son armure spirituelle, se revêtant de foi, de confiance et de charité, pour pénétrer jusqu'à ce dernier retranchement du cœur où Dieu se garde toujours un accès. Que de victoires sans éclat, mais non sans profit, ont couronné ces combats admirables où la défaite était le salut du pauvre blessé !

La nuit suspendait ces luttes laborieuses et ramenait avant l'heure du sommeil quelques moments de prière intime, d'humble pénitence, de familiers épanchements, comme en ont les saints. A ces mystérieuses effusions de l'âme les desseins de la Providence appelèrent parfois des témoins, dont les souvenirs fidèles pourraient se traduire plus explicitement, s'ils n'avaient à craindre de les profaner en les livrant avant l'heure. Ce que le P. Captier paraissait éprouver dans ces instants d'abandon et d'élan religieux, c'est un sentiment très-vif de l'action divine en lui, et un extrême désir de s'y soumettre tout entier. La souffrance même physique, plutôt que la joie, accompagnait ces élans de l'âme hors d'elle-même. Il semblait dévoré par une ardeur cachée, et toujours l'idée de sacrifice, d'offrande de la vie revenait dans ses entretiens, comme un pressentiment de sa destinée. Jamais il n'avait songé aux missions lointaines, où croissent comme un fruit naturel les palmes du martyre ; sa vocation d'éducateur chrétien n'avait jamais varié, et rien ne pouvait faire présager alors qu'elle le conduirait au témoignage du sang. Pourtant il était sans cesse dominé par cette pensée qu'il ne cherchait pas à analyser, mais qu'il ne se lassait pas d'exprimer : donner sa vie pour le bon Dieu ! Et, comme s'il eût cherché déjà des compagnons de son holocauste, il ne pouvait s'empêcher d'inspirer le désir de ce généreux dévouement et d'en faire formuler le vœu aux âmes dont il avait reçu plus spécialement la charge.

Le spectacle de ces ardeurs religieuses que nous avons voulu retracer sans prétendre les apprécier, les émotions qui en découlaient ne pouvaient manquer d'exercer sur des adolescents un ascendant considérable, facilement dangereux et délicat à manier. Comment en aurait-il été autrement ? Grâce à Dieu ! le mal et la corruption n'ont pas envahi le monopole de la séduction des cœurs. Ceux qui sont jeunes surtout se prendront toujours passionnément aux amorces désintéressées de la grandeur d'âme dont la vie religieuse présente la plus complète expression. Il se produisit donc par ce commerce des aspirations au sacerdoce et à la vie religieuse. La discrétion du directeur et la modestie des jeunes néophytes ne purent toujours prévenir ou désarmer les critiques du dedans ou du dehors. Mais les loyales explications du P. Captier, sa prudente réserve, surtout le respect impossible à méconnaître qu'il professait pour l'autorité paternelle et les droits de la famille, apaisèrent des défiances et des susceptibilités trop naturelles pour qu'il en fît un sujet d'offense. Le temps, à son ordinaire, modifia ou emporta beaucoup de ces ardeurs passagères : et le nombre de ceux en qui se réalisèrent les prévisions du saint religieux fut trop petit pour justifier les défiances et confirmer les alarmes. Mais combien d'autres engagés dans la voie commune ont gardé au cœur l'appel de Dieu, le souvenir des exemples reçus, et reconnaissent qu'ils doivent à cette élection intérieure l'honneur de leur vie, la paix et la joie qu'ils font partager à ceux qui les entourent!

CHAPITRE VII.

L'exercice de la charité par la conférence de Saint-Vincent de Paul. — La fête des conférences. — Les visites des anciens élèves à Oullins. — Correspondance du P. Captier avec ses enfants. — La fête du 18 juillet.

« La charité est une belle chose en quiconque l'accomplit : elle est belle dans l'homme mûr qui retranche une heure à ses affaires pour la donner aux affaires de la souffrance; elle est belle dans la femme qui s'éloigne un moment du bonheur d'être aimée pour porter l'amour à ceux qui n'en connaissent plus que le nom; elle est belle dans le pauvre qui trouve encore une parole et un denier pour le pauvre; mais c'est dans le jeune homme qu'elle apparaît tout entière, telle que Dieu la voit lui-même au printemps de son éternité, telle que Jésus la voyait, aux jours de son pèlerinage, sur le front de S. Jean (1). »

(1) *Frédéric Ozanam,* par le P. Lacordaire.

Depuis Ozanam et ses confrères, l'amour des pauvres s'est révélé au monde comme le sceau indéniable du catholicisme pratique; et, sans avoir inventé la charité chrétienne, notre siècle portera néanmoins dans l'histoire religieuse, parmi ses plus beaux titres, ce trait particulier, ce nom des Conférences qui le rattache au grand apôtre de la misère secourue et consolée.

La scciété de Saint-Vincent de Paul, par les œuvres aussi variées que les misères qu'elle secourt, par son esprit large et désintéressé, procure à ses jeunes membres le plus puissant préservatif contre les entraînements égoïstes et inconsidérés d'une vie molle et sans but. Cette assertion n'est plus à démontrer; mais elle se confirme chaque jour davantage par de nombreux exemples que découvrent l'intimité des consciences et parfois même les mœurs publiques. Les éducateurs chrétiens connaissent quelquefois avant tout le monde cette influence bienfaisante de la charité active et organisée.

A Oullins surtout, la conférence de Saint-Vincent de Paul se trouve comme dans son terrain propre. Lyon n'est-il pas la patrie de son principal fondateur et la ville des œuvres chrétiennes? Les amis du P. Lacordaire et de ses enfants, les hommes sympathiques à leurs travaux, ne sont-ils pas les promoteurs, les initiateurs les plus zélés d'entre les confrères ? L'école dominicaine, qui compte parmi eux des défenseurs et des soutiens, ne peut manquer d'entretenir des rapports fréquents à l'occasion desquels les élèves apprennent à admirer, à apprécier un zèle qu'ils s'efforcent d'imiter dans la mesure de leurs ressources et de leurs loisirs.

Une fête touchante consacre ce rapprochement de tous les âges et de toutes les situations, dans le champ de la bienfaisance chrétienne. Pendant l'été les membres des différentes conférences de la ville se donnent rendez-vous sous les ombrages d'Oullins; un grand nombre, arrivés à l'heure des vêpres, prennent place à la chapelle sur les bancs des écoliers, dont les rangs se resserrent pour admettre ces confrères aînés. Après l'office que leur présence a rendu comme plus solennel aux yeux des jeunes assistants, un banquet bien modeste, souvenir des agapes fraternelles des premiers chrétiens, réunit à la même table ces convives d'un jour, ordinairement séparés dans la vie quotidienne du corps, comme ils sont unis dans celle de l'âme. Là se trouvent, assis au hasard du moment ou de la conversation commmencée, le magistrat et le simple étudiant, le riche commerçant à côté du modeste employé, le père de famille en face de l'adolescent encore sur les bancs du collége. A la fin de ce repas, le président et quelques-uns des membres les plus connus prennent la parole, pour dire la joie de se trouver dans une assemblée de frères, les bienfaits de l'union dans le dévouement, pour montrer le but, toujours visé et jamais atteint, pour constater les résultats et encourager les efforts. Enflammés par ces allocutions chaleureuses et sympathiques, les jeunes confrères du collége se disent avec une noble ambition, que bientôt, eux aussi, ils seront enrôlés librement et définitivement dans cette grande ligue du bien dont ils ne connaissent encore que les premiers devoirs. Ils en partageront les travaux, les peines, les satisfactions, et se prépareront à leur tour une postérité généreuse.

Mais la charité ne se contente pas de belles théories, et de tout temps les élèves d'Oullins ont été exercés à la pratique que comportent leur âge et leur situation. « Vers le milieu du jour, on voit sortir de l'école des groupes d'enfants ou de jeunes gens qui se dispersent, sous la conduite de leurs maîtres, dans les divers quartiers du pays. Les aînés de la famille s'engagent dans des rues obscures, frappant surtout aux portes les plus humbles, et gravissant, de ce pas léger qui n'appartient qu'à la jeunesse heureuse, les escaliers les plus sombres et les plus délabrés. Les moins âgés pénètrent dans les écoles populaires; ils interrogent, ils se rendent compte des besoins que leur bourse d'écolier peut secourir; tandis que d'autres, coutumiers d'une aumône qui ne demande que du temps et de la bonne humeur, vont partager et animer les jeux de cette chère famille d'orphelins qui grandit sous la protection de S. Vincent de Paul. A l'intérieur du collége, la même inspiration se retrouve et se traduit par des scènes d'un caractère différent. Il s'y tient des assemblées d'écoliers; ces misères y sont étudiées avec une sereine gravité, et les secours y sont décrétés avec une générosité pleine de sagesse. Il s'y tient aussi des assemblées de pauvres, assemblées quotidiennes, où toutes les misères honnêtes se donnent rendez-vous. Ces agapes fraternelles de l'indigence sont présidées par les plus hauts dignitaires de l'école. Il faut voir avec quelle fierté joyeuse et avec quelle sollicitude ils s'ingénient à composer un festin pour vingt ménages avec les débris de leurs propres repas(1).»

Elevé lui-même dans ces touchantes traditions, le P. Captier ne pouvait les laisser se perdre ou

---

(1) *De la charité dans l'Education,* discours prononcé à Oullins, en 1869, par le R. P. Lécuyer.

s'affaiblir. Il prit soin au contraire de les fortifier encore, sachant trop bien qu'il n'est point sans elles de véritable piété; et il commençait à bien espérer de l'avenir d'un jeune homme, lorsqu'il était parvenu à allumer dans son cœur ce zèle généreux. La charité en effet qui naît et se développe plus lentement dans l'âme humaine, y meurt la dernière. Fille de la religion, elle en est aussi la gardienne et résiste mieux aux ébranlements de l'esprit et des sens, ayant son siége plus profond. Souvent elle survit longtemps encore aux défaillances de la foi et des mœurs, et, bien que mutilée, reste le gage d'un heureux retour.

Aussi le premier soin du Père, quand le terme des études le séparait de ses enfants, était-il de les adresser au président des conférences de Saint-Vincent de Paul, en les appuyant de sa recommandation fondée sur les services que, dès le collége, le jeune confrère avait déjà rendus aux pauvres. Mais il ne fallait pas que ce titre fût vain. Celui qui se déclarait ainsi l'ami des malheureux devait compte à ses anciens maîtres du temps et des ressources employés à ce service.

« Que faites vous à la conférence ? » était une des premières questions par lesquelles le Père entamait l'examen de conscience, l'exploration intime d'une âme qui revenait devant lui après les premiers essais de la liberté. Le degré de constance et d'ardeur que trahissait la réponse lui faisait découvrir aussitôt s'il avait affaire à un bien portant ou à un blessé, car la sortie du collége ne faisait pas cesser les rapports entre le P. Captier et ses enfants. De tout temps les anciens élèves d'Oullins y étaient revenus sans peine et même avec bonheur. Ceux qui habitaient Lyon se faisaient d'une visite à Oullins une partie de plaisir; à certaines époques, d'autres plus éloignés se détournaient parfois, ou s'arrêtaient au milieu d'un voyage d'affaires pour revoir leur cher collège. La tradition, un moment déroutée par le changement de direction, avait été reprise par les plus anciens, lorsqu'ils s'aperçurent que les cœurs étaient toujours les mêmes, tandis que les visages étaient rajeunis. Ils venaient donc, comme autrefois, jeunes hommes et tous jeunes gens, durant les dimanches d'été, s'asseoir à cette table des maîtres, où ils étaient toujours sûrs de trouver un cordial accueil. « On les voyait s'intercaler par groupes entre leurs vieux professeurs et les jeunes religieux, prendre part à une conversation toujours pleine d'animation et de saillies, y apporter le feu de leur jeunesse, leurs souvenirs classiques, leur franc rire et leur gaieté communicative. Quel doux et fraternel symbole que cette table des maîtres ! Comme elle exprimait d'une manière charmante cet esprit de famille qui rendait si douces et si durables les bonnes impressions d'Oullins ! Comme elle rappelait avec bonheur les gracieuses paroles du psalmiste : *Filii tui sicut novellæ olivarum in circuitu mensæ tuæ.* Tes enfants entoureront ta table comme de jeunes plants d'olivier (1). »

Avant le repas ou après se plaçaient d'intimes causeries avec le prieur ou quelque autre des religieux. Sans efforts et presque sans honte, comme aussi sans l'avoir prévu bien souvent, chacun versait dans ces cœurs de Pères un poids de misères et de faiblesses, racontait ses défaites et ses triomphes, disait ses craintes et son espoir ; recevant sans embarras et sans révolte le reproche mérité, le conseil utile qui respiraient si bien l'amour et la plus pure préoccupation des âmes. A ce tête-à-tête des consciences succédait quelque entretien général que présidait le P. Captier, auquel se joignaient, si c'était le temps de la récréation, les jeunes philosophes, avides de surprendre les échos du monde dans la conversation de leurs

(1) M. l'abbé Dauphin : *De l'Education,* préface.

anciens. Les âmes réconciliées s'épanouissaient alors avec toute la grâce et le charme de leur âge. L'esprit critique des censeurs de dix-huit ans se donnait carrière. On jugeait tout, pour faire croire qu'on avait déjà beaucoup vu. On raillait et on blâmait bien souvent, on admirait même quelquefois les œuvres d'autrui. Mais le Père écoutait avec bienveillance ces saillies, tantôt plaisantes et tantôt sententieuses ; il réprimait seulement l'appréciation injuste ou le mot méchant. Puis adroitement il élevait ses jeunes auditeurs au-dessus des mesquines préoccupations, et cherchait à exciter les nobles passions qui avaient rempli leurs dernières années d'écolier. C'étaient les souvenirs du P. Lacordaire, les livres publiés par ses amis pour défendre la vérité chrétienne, qui alimentaient les conversations du petit cénacle. C'est ainsi que le Père les intéressait à l'Église et à la patrie dans un temps où les voix qui soutenaient ces nobles causes trouvaient bien peu d'écho parmi la jeunesse, car aux ardeurs immodérées de la génération précédente, succédait en ce temps-là une indifférence presque générale ; et ceux qui ont fréquenté les étudiants de nos écoles à cette époque savent que les préoccupations politiques, littéraires ou philosophiques étaient étrangères au grand nombre, tout autant que les principes chrétiens. Tout semblait mort chez cette génération élevée pour le plaisir et l'intérêt; et dans ce partage qui s'établit à l'entrée du double chemin de la vie, les voix généreuses du devoir et du dévouement triomphaient bien rarement de l'appel égoïste des passions.

L'éloignement ne supprimait pas cette formation supérieure, cet enseignement suprême du cœur. Le Père les continuait dans une admirable correspondance, à laquelle nous empruntons, en attendant qu'elle puisse être publiée, quelques traits épars et plus saillants. Si nous cédons à des scrupules exagérés en taisant ces accents les plus intimes d'un cœur de prêtre et de Père, on pourrait nous reprocher de laisser dans l'ombre tout un côté, le plus remarquable peut-être, de l'éducateur chrétien que nous étudions. On y verra revenir constamment les pensées religieuses de dévouement, de sacrifice, qui faisaient le fond de sa vie. Mais si ce fond varie peu, il n'est pas sans intérêt de suivre un enseignement approprié à toutes les phases et à toutes les circonstances de la vie de jeune homme.

« C'est peu de choses d'avoir vu les éblouissantes splendeurs de la première ville de plaisir, écrit-il à un de ses enfants revenant d'un premier voyage à Paris, c'est l'heure suivante qui m'intéresse. Si vous rapportez de ce voyage votre cœur aussi simple et aussi pur qu'auparavant, vous aurez gagné dans mon estime et mon amitié. Si vous savez encore comprendre combien sont vains les plaisirs que vous avez entrevus ; si vous préférez à tout cela un mot de tendresse de votre mère, un instant d'épanchement avec vos amis, ou mieux encore une simple prière aux pieds de Notre-Dame de Fourvières, c'est que votre âme s'est grandie dans l'épreuve à laquelle vous avez été très-sagement soumis.

« Il faut apprendre le détachement, il faut apprendre à aimer d'une manière toute généreuse, à aimer même en souffrant. Il faut vous dépouiller peu à peu de ces rêves charmants, de ces douces illusions qui ont été comme les langes de votre âme. Il faut apprendre cette douloureuse réalité, que le malheur se mêle à tout ici-bas, et que nulle âme n'est forte si elle ne se sert du malheur lui-même comme d'un appui ; il faut monter sur l'arbre de la croix.

« Mon pauvre ami, que ne donnerais-je pas pour vous épargner toute tristesse ! que ne ferais-je pas, tout accablé que je suis, pour porter votre fardeau avec le mien !

« Oh ! si du moins je pouvais vous enseigner le

secret des grandes âmes, de celles qui regardent toujours en haut, et qui trouvent dans la pensée de Dieu une sorte de résurrection spirituelle incessante ! »

Une autre fois s'adressant à un convalescent :

« Il me tarde que vous soyez guéri et capable de reprendre votre travail. L'oisiveté est si mauvaise conseillère ! Et vous avez tant à travailler pour 'devenir aussi homme de bien que vous désirez lêtre ! Il ne faut pas oublier que vous devez réaliser dans vos actions les vertus que votre esprit conçoit et dont vous aimez déjà l'idéal. L'amour de cet idéal du bien est une première grâce du bon Dieu à laquelle il est important de répondre. Allons, enfant bien cher, à l'ouvrage. Que faites-vous pour votre âme en ces jours-ci ? que pensez-vous ? qu'écrivez-vous ? Est-ce que l'hémorragie dure depuis le lever du soleil jusqu'à son coucher ? Vous ne me parlez de rien autre, et cela ne fait pas mon affaire.

« Je vous plains peu, malgré vos petites misères. Croyez-le, c'est peu de chose au fond, c'est à peine ce qu'il faut pour apprendre à vivre en chrétien. Puissiez-vous ne jamais vous trouver en face de ces grands devoirs pour lesquels il faut s'élever si haut au-dessus de la nature humaine. Ou plutôt, que dis-je ? puissiez-vous comme moi vous trouver en face de ces grands devoirs, afin d'admirer et d'aimer ce miracle incessant par lequel Jésus-Christ transforme les âmes en leur communiquant son âme! Profitez bien, cher enfant, ah! profitez bien de cette paix et de ce repos auxquels vous êtes condamné par votre maladie. L'étude agite souvent trop l'esprit, une vie parfois retirée fournit le moyen de méditer avec profondeur deux ou trois grandes pensées qui ensuite illumineront votre vie entière. Je me rappellerai toujours avec émotion tout ce que j'ai ressenti de grâces intérieures, quand j'étais, comme vous et à votre âge, arrêté par la maladie. »

A un paresseux il adresse ces pressantes exhortations, relevées par le sentiment religieux : « Travaillez davantage, travaillez plus encore, mon cher enfant, travaillez avec courage. Aimez-vous Dieu? Prouvez-le donc en travaillant. Vous savez bien que la vie intérieure ne saurait vous absorber ni remplir votre vie, sans dégénérer en une funeste rêverie : ainsi travaillez beaucoup. »

Un échec au baccalauréat lui suggère les considérations suivantes : « C'est une chose bien nécessaire pour un examen que de mériter les *bonnes grâces* du bon Dieu. Ce qu'on appelle la chance n'est autre chose que la volonté secrète de Dieu, et cette volonté secrète pèse d'un grand poids dans les événements heureux ou malheureux. Deux vertus surtout nous rendent agréables à Dieu, la chasteté et la charité. J'ai quelque crainte que vous ne soyez que médiocrement affermi dans la seconde, qui passe *même* avant la chasteté.

Ailleurs il tire d'une épreuve une leçon de virile piété : « Je ne suis pas encore rassuré sur votre force morale autant que je le voudrais. J'aime si tendrement votre âme, je la voudrais si belle, si élevée ! Est-elle tout cela ? L'apathie de tempérament ne produit-elle pas la paresse et le dégoût des choses spirituelles ? Et comment résister à toutes les tentations, quand la volonté est affadie ! Oh ! l'horrible chose que la tiédeur, et pourtant qu'il est difficile de l'éviter !...

« Travaillez-vous ? vivez-vous beaucoup ? êtes-vous doux et intérieurement joyeux ? ou bien êtes-vous encore esclave de sentiments vagues et contradictoires. Votre lettre *fort sage* évite tout ce que je tiens le plus à savoir. Vous pourriez être bien peu chrétien et écrire encore mieux que cela, parce qu'il y a une religion de la tête, dont se contentent beaucoup de gens. J'ai l'habitude de penser que Dieu sonde les reins et les cœurs. Allons, comprenez-vous, nuage que vous êtes ? »

Enfin à une âme que la honte des premières fautes tient éloignée de lui, il adresse cet appel énergique, tempéré par le plus tendre encouragement :

« Votre crainte est puérile ; je vous connais trop pour ne pas comprendre votre état, et vous aime trop pour n'y pas compatir. Bien plus, je suis à votre égard dans une douloureuse attente. Bien des signes m'ont fait sentir votre épreuve, et cette épreuve, en est une pour moi à cause de la part que j'ai eue dans la formation de votre vie intérieure.

« Venez donc, je vous l'ordonne. Je vous attends et je crois pouvoir vous promettre la paix.

« Je vous dis cela tout sèchement, parce que je suis brisé de fatigues et d'ennuis, mais je vous aime toujours avec la même tendresse. La forme seule change en moi par les continuelles meurtrissures de la vie active. Venez donc, j'entrerai dans votre cœur, même si les portes en sont fermées. »

Quel amour des âmes, quelle foi vive et quel zèle ardent dans ces lignes tracées au travers des soucis et des préoccupations quotidiennes ! Ce n'était pas assez pour ce pilote dévoué d'avoir préparé ses enfants, comme on arme un navire, pour le voyage de la vie, de les avoir conduits jusqu'à la haute mer, il voulait encore les suivre du regard et les guider par ses signaux, jusqu'à ce qu'ils fussent rentrés au port. Il ne voulait être étranger à aucune de leurs épreuves, des plus petites comme des plus grandes. Dans un moment où ses occupations étaient doublées par l'absence du provincial dont il faisait l'intérim, il ne recula pas devant un voyage de deux cents lieues, partagées par un séjour de quelques heures, pour assister un de ses enfants dans une crise dangereuse et l'aider à sanctifier sa mort ou son retour à la vie. Et qu'on ne croie pas que les soins du P. Captier ne s'adressaient qu'à un petit choix de natures préférées. L'amour que Dieu inspire à ses apôtres peut bien distinguer entre les âmes celles que des besoins particuliers désignent à sa sollicitude, mais il n'en sépare aucune des effets de sa vigilance. Le tendre zèle du P. Captier embrassait tous ceux que le devoir faisait ses enfants; et, si elle n'eut pas le même succès auprès de tous ni le même retour de leur part, aucun cependant ne méconnut et ne rebuta complétement cette affection si évidemment sincère, lors même qu'elle n'était pas sympathique.

Il y a dans la coutume d'Oullins un jour consacré à ces effusions fraternelles et filiales qui unissent les anciens élèves entre eux et les rapprochent de leurs maîtres. C'est le jour de la fête patronale de saint Thomas d'Aquin. On s'y donne rendez-vous longtemps d'avance ; et, malgré l'époque peu favorable de l'année, époque des examens et des villégiatures, la réunion est toujours nombreuse. Les anciens rivalisent d'exactitude avec les derniers échappés de l'école, assez naturellement empressés de faire étalage de leur liberté nouvelle devant leurs camarades encore sur les bancs. Le saint sacrifice offert pour les vivants et les morts de la famille oullinoise commence la journée, partagée ensuite entre les jeux, les exercices littéraires ou artistiques, dans lesquels les anciens prennent plaisir à se mêler aux rangs des nouveaux. Le banquet en plein air, sous les magnifiques ombrages du parc, dont le soleil respecte l'abri et que l'orage de juillet épargne presque toujours, est le point culminant de la fête. Mais l'esprit dans ce festin a la part principale, plus attendue et plus désirée que celle du corps qui préoccupe seule les plus jeunes enfants. Après le tumulte d'un placement improvisé, des conversations s'établissent ; tout d'abord on se reconnaît, on se mêle au courant du temps écoulé depuis la dernière séparation, on rappelle devant les maîtres souriant avec bienveillance ses mystifications et les bons conseils d'autrefois. A mesure que l'heure avance, la gaieté, sans être trop bruyante, devient plus générale et plus communicative. Puis tout à coup un frémissement parcourt l'immense dôme de feuillage, un cliquetis de verres appelle l'attention et une voix isolée, luttant pour dominer le bruit et franchir la distance, parvient à se faire entendre. Ce sont les *toasts* qui commencent. Chacun se recueille pour mieux écouter. Les toasts sont sans contredit le grand intérêt de la soirée, et l'on sent que ce moment a été attendu par tous. L'émotion et la rougeur trahissent les ambitieux, qui voient avancer l'instant qu'ils ont fixé pour leurs essais oratoires ; leurs voisins, les simples auditeurs, rient sous cape de leur embarras et ne marchandent à aucun les applaudissements chaleureux ni les critiques mordantes murmurées à demi voix. Mais l'exemple est contagieux ; tel qui s'était promis de garder le silence ne sait plus résister aux provocations malignes et se hasarde imprudemment dans cette joûte de traits d'esprit, d'ingénieux compliments, de fines railleries. Il se produit des toasts de toute façon. Il y en a de graves et de bouffons, d'heureux et de maladroits, il y en a de charmants qui entraînent l'approbation des plus mal disposés, il y en a d'ennuyeux qu'on écoute pourtant sans trop d'impatience. Chaque année le P. Captier prenait au moins une fois la parole au travers de ce dévergondage de langue, soit au commencement, soit pour répondre à la *santé* qu'on lui portait. Sa voix vibrante, parfaitement disposée pour braver les difficultés du discours en plein air, frappait au cœur de son auditoire. Il rappelait à cette réunion d'âges si divers les bienfaits de l'éducation d'Oullins, pour associer tous ses membres à la reconnaissance et à la vénération dont il entourait ses anciens maîtres et ses prédécesseurs. Il saluait d'un accent ému les illustrations de son pays et les célébrités commençantes de l'école. Il glorifiait l'Eglise et son auguste chef, ou bien encore faisait parler l'âme de la patrie et de la religion, en s'adressant au drapeau de la France et à la bannière de Saint-Thomas dont les plis flottaient entremêlés au centre du banquet, aux regards de tous. L'inspiration le servait généralement bien dans ces courtes allocutions ; il rencontrait l'à-propos dans le choix du sujet, et ce bonheur de l'expression si nécessaire aux impromptu oratoires. D'ailleurs il était dans son élément naturel au milieu de ces cœurs d'amis, de frères et d'enfants, dont la rencontre retraçait et expliquait si bien le secret de sa vocation d'éducateur. Pendant son priorat, le P. Captier eut la joie de compléter et d'utiliser ce charmant anniversaire du 18 juillet, en fondant une *association amicale* établie sur le modèle de celles qui existent depuis longtemps entre les anciens élèves des grandes institutions scolaires. Son expérience lui avait appris que la bonne éducation, qui ne met pas à l'abri des revers de fortune, ne suffit pas toujours à y remédier ; son cœur lui fit comprendre comment le secours pécuniaire versé par la discrétion chrétienne peut aider à ramener à Dieu ceux que la dissipation en a éloignés.

Dans cette atmosphère de foi, de travail et de sacrifice, Oullins prit un rapide accroissement dans l'estime et la confiance des familles. La bénédiction de Dieu protégeait visiblement cette œuvre qui se déclarait sienne, et celui qui accomplissait avec humilité et douceur ses desseins providentiels. Ce fidèle serviteur avait vu doubler la famille dont le Seigneur l'avait constitué gardien et père, et glorifiait dans les consolations le maître qu'il savait glorifier aussi dans les tristesses.

CHAPITRE VIII.

Mort du P. Lacordaire et difficultés qui en résultent pour le Tiers-Ordre. — Installation du noviciat à Chalais. — Le P. Captier se démet du priorat d'Oullins. — Son séjour à Chalais.

L'heure d'une nouvelle épreuve pour le Tiers-Ordre et pour Oullins vint au milieu de ces premiers succès. Le 21 novembre 1861, le P. Lacordaire s'éteignit à Sorèze, au milieu de cette jeunesse, son premier et son dernier amour, dans les bras de quelques-uns de ses fils, accourus pour lui représenter plus complétement tous les rameaux de la famille religieuse. Le P. Captier et le P. Mermet vinrent assez tôt s'unir à la communauté de Sorèze et aux PP. Chocarne et Sandreau, pour recevoir une dernière bénédiction et recueillir le dernier soupir de leur père commun. Cette douleur, à laquelle on s'attendait depuis deux mois fut néanmoins très-vive ; la foi seule en adoucit l'amertume. « Vous savez sans doute, écrivait le P. Captier le lendemain, que le P. Lacordaire est mort. Je ne vous ferai aucun récit à son sujet, parce que plusieurs sauront mieux que moi raconter ce qui s'est passé... Je ne suis ni malade ni découragé, je pourrais même dire que je ne suis plus triste ; car je l'ai été si violemment, et j'ai tant prié Notre-Seigneur et tant cherché l'âme qui nous a quittés, que ma tristesse a été convertie en une douce joie intérieure, dans laquelle je me suis très-uni à l'âme de notre vénéré fondateur. Je suis plus près de lui qu'autrefois, parce qu'il me voit et m'entend et que j'ai une confiance en lui assez grande et forte pour franchir l'espace qui va de la terre au ciel. Je le crois au ciel ; car, eût-il quelques fautes à expier, il a eu sur la terre un purgatoire tel que Dieu a évidemment voulu le préparer à aller droit à lui. Je crois à son affection et à sa protection. »

Après avoir fermé les yeux du vénéré défunt, le P. Captier, agissant en qualité d'assistant du Tiers-Ordre, publia les lettres-patentes du Révérendissime Père général de l'Ordre qui désignaient le R. P. Lécuyer pour succéder au P. Lacordaire dans le gouvernement des Dominicains enseignants. Il installa le nouveau vicaire général, puis, les funérailles étant célébrées, il reprit le chemin d'Oullins, goûtant encore le bonheur de retrouver son poste de combat, malgré la tristesse de cette mort et les douloureuses conséquences qu'elle devait entraîner et qu'il prévoyait déjà. « Oh ! quelle joie, écrivait-il, de rentrer à Oullins, au lendemain d'une si grande épreuve ! La mort du P. Lacordaire jette, il est vrai, un crêpe sur tout ce qui nous entoure, mais j'aime mieux Oullins en deuil que tout autre lieu dans la joie, parce que Oullins est la famille dont je suis le Père. »

Pour tous les ordres religieux, c'est un moment solennel et critique que la mort de leur fondateur. Pour le Tiers-Ordre de Saint-Dominique ce moment fut plein d'anxiétés et de tristesses. Des compétitions fâcheuses, appuyées sur des textes et des autorités d'origine diverse, amenèrent une violente scission dont il vaut mieux ne pas rappeler les tristes détails. Toujours est-il que, méconnus et injuriés, les Dominicains enseignants, et leur supérieur avec eux, durent se retirer à Oullins. Le P. Captier, imposant silence à sa propre douleur, s'efforça d'adoucir la peine de ses frères par une réception cordiale, où le bon esprit et l'affectueuse condoléance des maîtres et des élèves apparurent aux exilés comme une suprême consolation. Revenus du premier étonnement de cette surprise violente, les supérieurs du Tiers-Ordre repoussèrent en eux-mêmes et autour d'eux toute pensée, toute suggestion de lutte sur une tombe à peine fermée. C'était, à leurs yeux, la part la plus sacrée et la plus regrettée d'un héritage qu'ils ne voulaient pas discuter devant les hommes, parce qu'ils espéraient que Dieu le leur rendrait un jour.

Pour le moment, Oullins, ce berceau des Dominicains enseignants, redevenu leur unique asile, profita du concours de ceux auxquels il venait d'offrir un abri. La marche générale de la maison reçut une impulsion nouvelle, par l'arrivée de maîtres aussi habiles que fidèles à l'œuvre du Tiers-Ordre; il en résulta aussi quelque soulagement pour les religieux déjà en fonctions à Oullins; mais on ne pouvait trouver au milieu de l'année des emplois pour tous les nouveaux venus. Il y avait en outre parmi eux des novices, qu'une expérience trop concluante n'autorisait pas à laisser exposés à la dissipation inévitable d'un grand établissement. Pour remédier à l'une de ces difficultés, en attendant que la Providence fournît au Tiers-Ordre une compensation à ce qu'il perdait à Sorèze, on résolut d'organiser dans un lieu distinct le noviciat, jusque-là dépendant d'un collége. Cette reprise par la base d'une œuvre si violemment ébranlée n'était pas une médiocre preuve de l'esprit de foi, de la ténacité dans la vocation que le P. Lacordaire avait laissés, du moins à ses derniers nés.

Les Frères-Prêcheurs avaient peu de temps auparavant transporté leurs novices de Chalais à Saint-Maximin, abandonnant à regret ce poétique couvent si plein des souvenirs du P. Lacordaire et de ses premiers compagnons. Des raisons graves avaient déterminé cette translation : un climat si rigoureux, dont l'inclémence se trouvait encore aggravée par l'abstinence et le jeûne, devenait à la longue redoutable pour les santés ordinaires. Pour le Tiers-Ordre la difficulté était beaucoup moindre, aussi les supérieurs tournèrent-ils leurs regards vers ce nid d'aigle, si près du ciel, si favorable aux élans de la jeunesse et au retour des âmes fatiguées. L'installation ne coûta ni beaucoup de temps ni de trop grands frais; on retrouvait dans les maisons du village de Voreppe plusieurs pièces de l'ancien mobilier conservées avec une sorte de piété généreuse et cédées à d'honnêtes conditions par les habitants tout joyeux du retour des Pères.

Dans l'été de 1862, les religieux qui devaient diriger le nouveau noviciat purent conduire à Chalais les épaves de celui de Sorèze. Elles ne tardèrent pas à être renforcées par de jeunes recrues, réservées à ce moment par la Providence, pour consoler le Tiers-Ordre de ses pertes. Le P. Captier avait pris sa grande part d'intérêt et parfois de démarches dans la modeste fondation.

Il eût voulu dès lors pouvoir y retremper ses forces pendant les vacances, au milieu de ses frères, dans la méditation et le silence des préoccupations humaines ; mais c'est à peine s'il put y faire une courte visite, avant de reprendre son fardeau. Le temps écoulé déjà, et surtout les secousses et les tristesses de cette année avaient encore accru cette charge bien lourde pour une vie si frêle et encore si jeune. Accablé sous le poids de ses préoccupations incessantes et poussé par des scrupules trop conformes aux exigences de son esprit et aux délicatesses de sa conscience, le P. Captier crut devoir, sans refuser le travail, en demander l'allégement, et c'est avec une simplicité touchante et douloureuse qu'il expose ses tourments et ses craintes au R. P. Lécuyer, son supérieur, dans la lettre qu'on va lire ; elle montrera comment se jugent eux-mêmes ces cœurs généreux dont les sacrifices étonnent et scandalisent presque les âmes faibles.

Le 19 décembre 1862.

« Mon Révérend Père,

« Le désir de quitter ma charge m'obsède depuis si longtemps que je ne puis vous le cacher sans manquer de simplicité et d'obéissance. Voici donc mes pensées :

« Je n'ai accepté mon second priorat que parce que la mort du P. Lacordaire était imminente, e que je ne devais faire naître aucune difficulté nouvelle. En ce temps-là, si j'avais pu attendre deux mois, nos constitutions auraient exigé une élection. Pourquoi ne se ferait-elle pas maintenant?

« Quand j'ai commencé mes fonctions, j'étais obligé de faire beaucoup par moi-même... J'ai dû donner une sorte de direction privée à un grand nombre d'élèves. Mon temps, mes ressources et les forces de mon cœur y ont été absorbées. Je n'ai pu faire pour les religieux tout ce qu'il aurait fallu... J'ai commencé à enseigner le 17 juillet 1850. Je n'avais pas vingt et un ans. Mon enseignement tout élémentaire était un travail extérieur plus qu'une étude. Il me prenait assez d'heures pour m'interdire d'autres occupations suivies. Depuis lors je n'ai eu de vie calme que pendant les dix mois de mon noviciat. Encore faut-il rappeler la responsabilité qui venait se mêler à notre vie de fondateurs. Voilà donc onze années d'activité dévorante et sans relâche, onze années qui ont commencé juste au moment où je devais compléter mes études que la maladie avait souvent contrariées. Si je n'obtiens pas le moyen d'étudier, je suis condamné à une ignorance qui semble incompatible avec notre état, incompatible surtout avec les charges auxquelles on m'accoutume. Si le besoin de mon intelligence est grand, celui de mon cœur est impossible à définir..... La société des hommes me blesse et me pèse, celle des enfants seule me soulage. Je souffre de tout ce que je vois, de tout ce que je fais, de tout ce que j'omets... Je pourrais, en m'ouvrant à quelque médecin habile, obtenir une consultation qui vous ferait une nécessité morale de me soulager, mais ce moyen me répugne. Je préfère vous dire ma pensée entière, en vous priant d'y penser et d'avoir pitié de moi. Je mets l'obéissance au-dessus de tous les autres désirs de mon cœur.

« C'est dans ces sentiments que je vous prie de me bénir comme votre fils le plus soumis en Notre-Seigneur.

« F. E. Captier. »

L'élection réclamée par le P. Captier était une

affaire délicate, autant pour les religieux appelés à appliquer pour la première fois un point de leurs constitutions dont les avait dispensés jusqu'alors leur jeunesse et l'autorité du fondateur, que pour les intérêts du collége au point de vue des jugements de l'opinion. Un délai était nécessaire pour disposer les esprits. Le P. Captier l'utilisa de son mieux pour préparer la voie à son successeur et lui aplanir les difficultés du commencement. Puis, le moment venu (février 1863), il s'arracha brusquement aux affections qui auraient voulu le retenir et vint se réfugier dans cette retraite de Chalais, objet de son ambition si tard satisfaite et pour si peu de temps. Les Pères qu'il retrouvait, les novices qui le connaissaient déjà presque tous et dont deux étaient ses enfants, prémices de la moisson promise au sacrifice et que doit multiplier un jour le sang répandu pour Jésus-Christ, se firent une fête de son arrivée. Pour lui, tout en donnant de longues heures à la prière et au travail, il trouvait le moyen d'utiliser son séjour au service de ses frères. Il les édifiait dans les exercices de communauté par la simplicité de son maintien, et par les actes d'humilité dont il savait donner l'exemple sans affectation. Il charmait les récréations par ces récits intéressants où se rencontraient souvent les souvenirs du P. Lacordaire et d'Oullins, devenant comme une sorte de tradition vivante pour les jeunes aspirants du Tiers-Ordre. Enfin il encourageait par sa présence et ses conseils leurs travaux littéraires ou philosophiques.

Un jour il proposa comme sujet d'étude la tristesse et ses effets utiles ou dangereux. Le frère à qui échut cette question ne manqua pas de consulter S. Thomas, et, outrant avec l'ardeur de son âge la doctrine du Docteur angélique, il fit un affreux défaut de cette infirmité douloureuse. Quelques défenseurs, intimidés par l'audition du rapporteur, osèrent à peine élever la voix. Le Père, qui avait semblé écouter la discussion avec un intérêt tout personnel, prit la parole pour la résumer. Rappelant tour à tour les grandes figures contemporaines, il les montra toutes plus ou moins voilées de cette ombre qui semble être l'expiation du génie et du succès. Mais en même temps il fit voir que ceux-là seuls étaient utiles qui savaient surmonter ce mal originel par l'énergie du dévouement, tandis que les autres en s'y abandonnant devenaient fatalement stériles et trop souvent dangereux. C'est en effet l'écueil des vives intelligences, des cœurs ardents dans toutes les situations humbles ou éclatantes. Le P. Captier connaissait par lui-même cette souffrance de l'idéal saisi par la pensée et trahi par les forces impuissantes, par les volontés contraires. « Vous ne savez pas, écrivait-il à un jeune homme, et ne saurez jamais combien souvent j'ai regretté mon inclination à la tristesse. Ce n'est pas que je veuille me soustraire à la peine, mais c'est que la tristesse est une prison pour l'âme, une chaîne, une oppression, une impuissance, une diminution de bonté... Quand l'âme est triste, il en paraît toujours quelque chose; quand elle est dans la joie, elle donne, même aux paroles sérieuses, quelque chose de doux et de bon qui se sent. » Aussi le Père s'efforçait-il de combattre en lui-même et chez ses enfants ce qu'il appelait le *vilain ennemi intérieur*. Surtout il ne permettait pas qu'à sa suite se glissât le découragement, ce poison de la volonté.

Quand il eut quitté Oullins, les premiers temps surtout, chaque courrier lui apportait, comme pour renouveler son sacrifice, de nombreuses lettres pleines des regrets et des plaintes exprimés avec la vivacité des jeunes cœurs qui n'admettent de séparations que celles qu'ils imposent.

Épurer ces sentiments sans les discuter, dégager

l'affection de tout alliage dans son propre cœur et dans ceux qui s'attachaient au sien, faire prévaloir par-dessus tout la soumission à la volonté de Dieu et le dévouement aux âmes, telle était la préoccupation constante du P. Captier dans ses réponses. « Il faut, mon cher enfant, non-seulement faire des actes de piété, mais, ce qui est plus encore, juger religieusement les choses, et aimer religieusement ceux que vous aimez. Par cette réflexion je vous reproche ce qu'il y a d'un peu inquiet dans votre amitié pour moi. » — « Que vous teniez à mon affection, écrit-il, que vous exigiez de moi un souvenir fidèle et un fréquent échange de pensées, je ne le trouve pas mal, parce que je suis votre ami et vous êtes le mien, et que l'échange de ce titre crée des lois réciproques. Mais que vous vous désoliez quand moi, prêtre et religieux, je poursuis mon pèlerinage et ma mission, oh! je ne le conçois pas! Écoutez, cher enfant, voulez-vous que je sois un bon prêtre et un bon religieux? Oui, n'est-ce pas. Eh bien, vous voulez par conséquent que tout en aimant, tout en faisant le bien, je garde mon cœur libre, et que dans cette liberté je trouve la force, et que par cette force je mérite d'être l'instrument du bon Dieu..... »

Il fut cet instrument pendant son séjour à Chalais pour une œuvre qui n'était pas absolument celle de sa vocation.

Vers la fin du carême, le curé de la paroisse de Voreppe, de laquelle dépend le couvent de Chalais, engagea le P. Captier pour une retraite qui devait préparer ses ouailles à la communion pascale. Outre que sa vie et le cours ordinaire de ses pensées ne l'avaient jamais tourné vers ce ministère, son tempérament ne comportait guère un tel genre d'efforts. Mais pouvait-il refuser aucun travail quel qu'il fût, quand la gloire de Dieu et le salut des âmes en étaient l'objet? Il remplaça l'ardeur et les forces corporelles qui lui manquaient par le zèle, par la souffrance, par l'union plus intime encore de son âme avec Dieu, et le bien se fit abondamment. Il s'en montrait heureux, mais presque confus. « Je suis en effet à Voreppe, écrivait-il à cette époque, pris entre des confessions et des prédications qui dévorent mes journées. J'y reste jusqu'à Pâques... Les bons paysans trouvent que j'*ons ben parla,* ils viennent en foule et remplissent leur église, comme si j'étais un grand prédicateur! Je fais quelque bien peut-être : c'est l'essentiel. Beaucoup sont venus m'entendre d'abord qui m'ont prié de les entendre. Il y en a qui n'ont rien fait pour le bon Dieu depuis dix, douze, vingt ans :

ils sont si heureux quand ils ont fait le pas difficile! Ce soir j'étais accablé, je ne savais guère ce que je disais, et plusieurs étaient touchés; de vieux pécheurs venaient tout de suite au confessionnal... C'est trop court, trop incomplet, je suis trop peu homme de Dieu pour que le mouvement soit fort considérable. »

Le succès correspondit au zèle de l'apôtre plutôt qu'à son humble défiance de lui-même. La fête de Pâques amena la fin de cette mission, et en même temps vint le terme du loisir relatif dont le P. Captier avait joui à Chalais.

A peine avait-il pu réparer ses forces que le devoir l'appelait de nouveau au combat. Surpris au milieu de ses préparatifs inachevés, il rentrait en lice sans autre armure que sa confiance en Dieu, qui allait montrer de nouveau la supériorité des œuvres de la foi sur celles du siècle, et des hommes qu'il inspire sur ceux que guident les calculs de la prudence mondaine.

CHAPITRE IX

La fondation d'Arcueil est décidée. — Opposition du gouvernement et premières démarches du P. Captier. — Il s'installe à Arcueil (juin 1853) et ouvre l'école (12 octobre) malgré la continuation des difficultés. — Signification de la fermeture de l'école et protestation des directeurs. — Sécularisation extérieure et momentanée.

Dans le courant de l'hiver de 1862, le conseil provincial du Tiers-Ordre de Saint-Dominique avait résolu unanimement l'établissement d'une nouvelle école secondaire à Paris ou dans les environs. Depuis la mort du P. Lacordaire, les dominicains enseignants se trouvaient réduits au seul collège d'Oullins. Ce berceau de la congrégation, ce premier champ fécondé par ses labeurs, était désormais insuffisant au développement d'une entreprise appelée à s'étendre par la multiplication de ses membres et de ses œuvres. L'avantage d'une plus grande publicité, utile pour le recrutement des élèves et des collaborateurs capables, les demandes de plusieurs familles honorables, et surtout l'appui précieux de quelques relations illustres et sympathiques à la mémoire du P. Lacordaire, concouraient d'ailleurs à encourager les dominicains dans leur projet de fonder une école à Paris. Le P. Lécuyer et le P. Captier furent chargés de réaliser ce projet.

Il fallait, avant tout, s'assurer d'un local convenable. Après bien des recherches, souvent déçues, le choix des mandataires du Tiers-Ordre s'était arrêté sur une propriété située à Arcueil, au sud de Paris, et connue sous le nom de château Berthollet. Cette résidence, formée de plusieurs corps de logis remontant à des époques différentes et déjà éloignées, avait été en effet, au commencement du siècle, la demeure de l'illustre savant. Il y avait établi, sous le nom de Société chimique d'Arcueil, le centre de réunion d'un groupe de ses collègues. Un beau parc, planté d'arbres variés, entoure l'habitation, et, sur deux de ses côtés, l'enclos est confiné par d'autres propriétés ayant appartenu à deux amis et émules de Berthollet, Laplace et Cauchy. Les vieillards d'Arcueil ont gardé le souvenir des fêtes du château, où la population était admise à prendre ses ébats; et, sous l'ombrage d'un magnifique cèdre du Liban, la tradition a attaché à un modeste banc de pierre le souvenir quasi-historique d'une visite familière de Napoléon à son collègue de l'Institut.

La propriété de Berthollet, au moment où elle fut proposée aux dominicains, était devenue un lieu de villégiature parisienne, occupé par plusieurs groupes de locataires; disposition fâcheuse qui ajoutait aux difficultés de la prise de possession et de l'aménagement du local. On trouva une compensation à cet inconvénient dans l'avantage que présentaient une série de constructions peu propres, il est vrai, à leur nouvel usage, mais permettant d'attendre quelque temps avant d'élever de nouveaux bâtiments. La facilité des communications, assurées par le chemin de fer de Sceaux, appuyait encore le choix de cet emplacement, vaste et bien exposé, quoique peu favorisé au point de vue de la beauté du site et de l'agrément du paysage.

La base matérielle de l'œuvre étant ainsi posée, restaient à remplir les formalités officielles exigées pour l'ouverture de l'école secondaire. Ces formalités, très-nettement définies par la loi de 1850, ne semblaient pas pouvoir donner lieu à des difficultés. Cependant les dispositions défavorables de la politique du moment devaient y trouver, contre toute apparence, le prétexte gratuit d'une misérable équivoque à l'aide de laquelle on s'efforça pendant six mois d'empêcher la fondation d'Arcueil, ou d'entraver son développement. Modeste par le champ restreint où elle s'engagea, mais grave à cause des principes qu'elle mettait en question, la lutte soutenue par le P. Captier à cette occasion mérite d'intéresser tous ceux qui attachent quelque prix aux progrès de la bonne éducation ; et il peut être utile, aujourd'hui que la passion ne saurait plus avoir part à ce récit, de retracer avec quelques détails cet épisode des annales de l'enseignement libre.

Le P. Captier, désigné comme supérieur d'Arcueil, ne pouvait prendre la qualité de chef d'institution, n'ayant pas subi l'examen requis pour l'obtention du titre officiel. Un autre religieux, le P. D..., avait été choisi pour assumer la responsabilité légale devant l'autorité universitaire. Le dépôt des pièces exigé à cet effet eut lieu dans le commencement du mois de mai. Avant l'expiration du délai d'un mois, au bout duquel le recteur de l'Académie compétente est tenu de donner le récépissé du dépôt, le P. Captier, en ce moment à Oullins, reçut une lettre de M. Mourier, vice-recteur de l'Académie, le mandant à Paris. Le

Père accourt et se présente chez ce haut fonctionnaire, qui lui signifie officiellement le refus du récépissé et du certificat de stage nécessaire pour compléter le dossier du P. D.

Pour faire comprendre toute l'étrangeté de cet acte arbitraire, il est bon de rappeler qu'aux termes de la loi, les Académies ne peuvent se dispenser de la constatation du dépôt fait dans les formes prescrites, et ne sont fondées à former opposition au projet d'un établissement d'enseignement secondaire que dans le cas, soit d'incapacité morale du chef d'institution proposé, soit d'insuffisance reconnue du local, après examen. Or il ne s'agissait de rien de pareil. Mais le ministre de l'instruction publique (1) déclarait péremptoirement, par l'organe du vice-recteur, que les fondateurs de l'école d'Arcueil étant des religieux non reconnus par l'État, leur projet ne pouvait avoir de suite, et qu'ils devaient se retirer purement et simplement. Le récépissé et le certificat de stage étaient refusés, toujours parce que les demandeurs étaient des religieux (2).

(1) M. Rouland.
(2) Extrait, ainsi que tous les documents qui ont servi à ce récit, d'une correspondance très-détaillée où le P. Captier consignait presque au jour le jour le résultat de ses démarches.

Quelques jours après, le P. Captier recevait les explications suivantes, données par le ministre à Mgr Maret, qui inaugurait dès lors en faveur de la nouvelle école son haut et bienveillant patronage, continué avec tant de dévouement dans les bons et les mauvais jours.

1° C'est une *règle d'État* depuis trois ans, avait dit le ministre, de n'accorder aux congrégations non autorisées aucune permission pour fondation de nouveaux établissements.

2° L'application de cette règle générale n'a rien de particulier au tiers-ordre de Saint-Dominique.

3° Plus tard, dans un an peut-être, on saurait si on pouvait se relâcher de cette rigueur.

4° Enfin, tout éclat et toute publicité donnés à cette affaire pourraient tourner au détriment de la congrégation du Tiers-Ordre.

D'autre part, le Père recevait l'assurance que le conseil départemental, ayant été saisi de l'affaire d'Arcueil, avait reconnu les droits des fondateurs, désignés cependant comme dominicains.

Ces renseignements furent bientôt confirmés dans une audience accordée par le ministre de l'instruction publique. Selon lui, toute communauté religieuse non reconnue pourrait être bannie de France, et ne subsiste que par le bon plaisir du chef de l'État, qui veut bien ne faire de la loi de l'an VIII qu'une arme défensive. La loi même de 1850 ne donnerait pas aux religieux le droit d'ouvrir des établissements d'instruction secondaire ; et le ministre trouvait étonnant qu'on eût songé à acheter Arcueil sans avoir obtenu l'autorisation du gouvernement. Cette interprétation plus que sévère était accompagnée d'encouragements flatteurs, d'espérances montrées dans l'avenir; mais, en dernier lieu, on déclarait ne pas vouloir la fondation en ce moment.

Le P. Captier répondit en distinguant une double question de convenance et de droit : la convenance, urgente pour le Tiers-Ordre, de poursuivre la fondation annoncée, et, pour le gouvernement, de la tolérer en toute hypothèse. Puis, sans s'arrêter à cette première considération, il invoquait surtout le droit comme étant le véritable objet de cette conférence. Les religieux non reconnus par l'État ne peuvent, du moins, être privés du bénéfice du droit commun, et ce droit, fût-il dénié aux communautés en général, les maisons d'enseignement le recouvrent par la loi de 1850.

A la fin de cet entretien, le ministre ayant fait allusion à la possibilité d'obtenir pour la fondation d'Arcueil un acte de tolérance spécial, si les religieux du Tiers-Ordre promettaient de s'en tenir là, et de renoncer aux fondations que l'avenir leur offrirait, le P. Captier repoussa cette ouverture, en déclarant qu'il ne voulait pas plus se poser en solliciteur que faire de l'opposition systématique; qu'il ne visait qu'à un développement court et prudent de l'œuvre commencée par le P. Lacordaire, sans vouloir toutefois, par aucun précédent, favoriser une interprétation de la loi qui lui paraissait injuste et erronée. En conséquence, et pour ne pas trahir la cause des ordres religieux, les formalités légales ayant été remplies, on irait en avant, et, au 1er juillet, on ouvrirait la maison.

Trois jours après cette audience, le vice-recteur signifiait officiellement au P. Captier le résultat de la décision ministérielle, confirmée en haut lieu; et, comme conséquence, renvoyait le dossier dont on refusait le dépôt.

Ces premières discussions indiquent très-nettement l'attitude prise par le gouvernement dans cette affaire, et celle des fondateurs de la nouvelle école.

Le P. Captier avait invoqué le droit, et, sans négliger les moyens honorables qui pouvaient être employés pour fléchir la résistance du pouvoir, il était résolu à se maintenir dans cette forte et loyale position et à y renfermer ses adversaires.

Ceux-ci, c'est-à-dire le ministère de l'instruction publique, et plus tard ceux des cultes et de l'intérieur, cherchaient à transporter le terrain de la lutte dans le champ, aussi vaste que mal délimité, de la convenance politique. Ils devaient tour à tour se servir des lois contre la liberté religieuse et des dispositions restrictives ou douteuses de la législation spéciale de l'enseignement, exploiter les craintes des établissements religieux existants et les timidités de l'opinion catholique, enfin user (ils l'espéraient du moins) la patience de leur antagoniste par les délais, les retards et les lenteurs administratives.

Sans entrer dans des développements étrangers à notre sujet, il est bon de rappeler ici quelles étaient alors les dispositions du gouvernement impérial à l'égard de ceux qu'on commençait à appeler les cléricaux. Napoléon III, après avoir, au commencement de son règne, compromis par son alliance la cause catholique, plus qu'il ne la servit par des témoignages très-réels de bienveillance et de faveur accordés au clergé, croyait pouvoir négliger désormais comme auxiliaires ceux dont il savait assez n'avoir rien à craindre. Désireux de donner des gages à l'opposition antireligieuse, rendue plus exigeante et plus audacieuse depuis la guerre d'Italie, il feignit de partager ses alarmes au sujet du développement des œuvres catholiques. On trouvait de plus dans ces craintes hypocrites le prétexte d'une revanche facile contre les actes de certains prélats, dont la noble indépendance avait étonné autant que déplu.

Telle était la tendance actuelle du chef de l'État, ou tout au moins de son entourage. En tout cas, le ministre n'avait ni trompé ni flatté le P. Captier, en assurant que ce déploiement de sévérité n'avait aucune relation directe avec la congrégation qui en était l'objet. Le gouvernement n'avait ni cherché ni désiré rencontrer le Tiers-Ordre de Saint-Dominique, que devaient protéger ses modestes commencements aussi bien que le nom populaire de son fondateur ; mais il fallait exécuter une résolution arrêtée, et les directeurs d'Arcueil se présentèrent les premiers.

On n'avait imaginé d'ailleurs d'une part ni de l'autre que l'affaire dût dépasser les proportions ordinaires d'une question de ce genre. Si le P. Captier, tout en prévoyant des difficultés, était loin de s'attendre à les rencontrer aussi graves et aussi fondamentales, il est à croire que le gouvernement, de son côté, ne comptait pas davantage sur une résolution aussi persistante. Dans sa pensée, il ne pouvait manquer d'avoir facilement raison d'un projet à peine ébauché par des hommes jeunes et sans nom, n'ayant d'autre force que celle de leurs liens religieux encore récents, et l'appui moral de quelques hommes d'élite, il est vrai, mais presque tous éloignés des affaires ou peu influents. En admettant que les menaces ou les promesses vagues, les refus tempérés de protestations bienveillantes, fussent insuffisants, un simple arrêté de police ferait triompher le bon plaisir de l'administration ; et ce premier succès serait un précédent très-utile à opposer plus tard aux tentatives du même genre, soit pour les décourager, soit pour faire valoir les concessions gracieuses qu'on aurait intérêt à accorder. Ce calcul, s'il avait été fait, comme il permis de le supposer, pouvait paraître juste ; néanmoins il devait tromper ses auteurs, parce que leur subtile évaluation avait négligé deux termes importants : le bon droit de leurs antagonistes et le bon plaisir de la Providence.

Résolu, avons-nous dit, à s'adosser fortement au droit commun, et à en réclamer le bénéfice, comme à se soumettre à toutes ses justes exigences, le P. Captier comprenait cependant qu'il ne devait négliger aucun secours de l'ordre spirituel ou de l'ordre temporel. Après Dieu, en qui il plaçait toute sa confiance et résignait toute sa volonté ; après ses supérieurs, auxquels il se tenait étroitement uni par l'obéissance religieuse et la plus respectueuse déférence, il dut s'adresser d'abord aux évêques, pasteurs des âmes, qui ne pouvaient manquer de prendre intérêt à une entreprise ayant le bien des âmes pour objet. Il en reçut des encouragements précieux, et, quand cela fut possible, un appui courageux dans les conseils spéciaux auxquels quelques-uns d'entre ces prélats étaient appelés.

En dehors du clergé, quelques personnages éminents, connus pour leur dévouement aux œuvres catholiques et leur attachement au souvenir du P. Lacordaire, devaient aussi être utilement consultés. Entre tous, M. de Montalembert se présentait comme un des tuteurs naturels de la fondation. Il avait pu déjà, pendant ses visites à Sorèze, apprécier dans le P. Captier l'héritier fidèle et le continuateur filial des projets de son noble ami. Un des premiers, il lui apporta l'appui de ses encouragements et de ses avis, si autorisés en pareille matière. L'âme énergique du grand champion de la liberté religieuse, déjà assailli par la maladie, trouvait peut-être une mélancolique consolation à revenir sur les premiers combats de sa jeunesse, dont un touchant souvenir le saisit un jour au courant d'un entretien : « C'est ici, dit-il en promenant son regard ému sur les murs de la cellule où le P. Captier l'avait reçu (1); c'est ici que je me suis occupé de la liberté de l'enseignement avec le P. Lacordaire. »

M. de Montalembert conseillait le plus ferme attachement au droit commun. La cause commune des intérêts religieux avait été affaiblie, pensait-il, par l'abus qu'avaient fait quelques catholiques des influences pour obtenir à titre de faveur ce qu'il n'aurait fallu réclamer que comme un droit. Du reste, la lutte, si elle devait s'engager à cette occasion, serait avantageuse à l'Église (2). Le P. Captier, tout aussi convaincu de la nécessité de ne jamais faiblir sur les principes, ne croyait pas cependant qu'il fût dangereux d'user d'influences conciliatrices, si la conciliation se faisait sans qu'il eût rien à rétracter de ses principes.

La résistance légale sur le terrain du droit commun était également conseillée par MM. Cornudet

---

(1) Dans l'ancien couvent des Carmes de la rue de Vaugirard.
(2) Extrait d'une lettre de M. de Montalembert au P. Captier

et Cochin. Ce dernier avait ainsi formulé ses indications sur la marche à suivre :

1° Faire une dernière démarche auprès de M. le vice-recteur, et lui déclarer que, *si les lois du pays l'interdisent,* M. l'abbé D... renoncera à s'entourer de collaborateurs pris dans une congrégation religieuse; qu'il agit comme Français et non comme religieux, et qu'il exigera par tous les moyens de droit que M. le recteur reçoive son dossier et sa déclaration, et délivre le certificat de stage.

2° Si M. le vice-recteur ne s'exécute pas, demander par un huissier le certificat de stage.

3° Que le certificat soit donné ou refusé, faire dans un court délai, et de la même manière, la déclaration d'ouvrir une maison d'éducation secondaire à Arcueil, etc.

4° Un mois après cette signification, déclarer l'établissement légalement ouvert.

5° Y installer au début deux religieux directeurs, et composer le personnel de laïques et d'ecclésiastiques séculiers.

6° Profiter ensuite des moments meilleurs pour étendre le nombre des religieux, quand la maison aura acquis quelque importance.

Enfin l'archevêque de Paris, que sa position autant que son caractère inclinaient à une grande réserve, approuvait néanmoins cette ligne de conduite, tout en recommandant une grande prudence, à cause des autres communautés religieuses.

Fortifié par de tels suffrages et de telles approbations, le P. Captier, bien résolu d'ailleurs à ne pas déserter le combat engagé, adressa le 20 juin à M. le vice-recteur la lettre suivante :

« Monsieur le vice-recteur,

« M. l'abbé D..., à qui j'ai communiqué votre lettre du 17 courant, motivant le renvoi des pièces qu'il vous a adressées, m'écrit qu'il ne saurait accepter une opposition qui est évidemment en contradiction avec l'article 60 de la loi du 15 mars 1850 :
« Tout Français âgé de vingt-cinq ans au moins,
« et n'ayant encouru aucune des incapacités com-
« prises dans l'article 36 de la présente loi, pourra
« fonder un établissement d'instruction secondaire
« sous la condition, etc. »

« Il me prie de vous faire observer que sa qualité personnelle de religieux ne saurait être un obstacle à la fondation qu'il projette, puisque la question est formellement résolue par le législateur, comme il résulte du compte rendu de l'Assemblée nationale législative, séances du 23 février 1850 et du 25 février de la même année.

« En effet, l'Assemblée eut à délibérer sur un amendement ainsi conçu : « Nul ne pourra tenir « une école publique ou libre, primaire ou secon- « daire, laïque ou ecclésiastique, ni même y être « employé, s'il fait partie d'une congrégation reli- « gieuse non reconnue par l'État. — Aucune con- « grégation religieuse ne pourra d'ailleurs s'établir « que dans les formes et dans les conditions déter- « minées par une loi spéciale. — La discussion de « cette loi devra être précédée de la publication des « statuts de la congrégation, et de leur vérification « par le Conseil d'État, qui donnera son avis. »

« Cet amendement, mis aux voix, fut repoussé à une très-forte majorité, après une discussion dont le sens libéral n'est pas douteux.

« Enfin, M. l'abbé D... me prie de vous demander en quelle forme il lui est possible d'interjeter appel de l'opposition que vous lui signifiez, puisqu'il est fermement résolu à maintenir ses droits, dussent ses projets premiers être considérablement changés. Il pourrait en effet poursuivre ses projets, et prendre avec lui des professeurs laïques et séculiers.

« J'attends de votre bienveillance et de votre loyauté, monsieur le vice-recteur, des renseignements précis sur ce que vous jugez être la limite des droits de M. D... Si vous désirez m'entretenir de vive voix, veuillez m'en faire donner avis à Arcueil, où je réside désormais. »

C'est dans l'ancien couvent des Carmes de la rue de Vaugirard, prêté aux dominicains par les archevêques de Paris, que le P. Captier avait élu domicile à son arrivée. Les enfants de saint Dominique y conservaient, avec la mémoire vivante encore du grand et saint orateur de Notre-Dame, les généreuses reliques des martyrs de septembre, confiées à leur garde. Sans se douter qu'il deviendrait un jour leur émule, le P. Captier était venu chercher sur leur tombe le secours d'en haut. Bien qu'il ne pût attendre de la communauté d'autre aide que celle d'une fraternelle sympathie, il aimait à se retremper dans l'atmosphère de l'hospitalité religieuse, après les émotions de la lutte. Mais, d'une part, les démarches nécessitées par cette lutte s'accommodaient mal avec la régularité du cloître, et de l'autre, en présence du refus déclaré du ministre, il devenait opportun d'affirmer par quelque signe extérieur l'intention de la résistance légale.

Aussi, vers le milieu du mois de juin, le P. Captier vint-il s'établir à l'école d'Arcueil, afin d'en prendre possession et d'y préparer une installation convenable pour la rentrée des élèves. On ne pouvait compter que sur un petit nombre dans le commencement, si toutefois les difficultés pendantes se résolvaient assez à temps pour permettre l'ouverture de l'école. Mais, quels que fussent ce nombre et l'époque de la rentrée, il fallait être prêt à l'avance.

En premier lieu, la maison était encore occupée par des locataires qu'on dut congédier, non toujours sans désagréments ni sans frais. Puis, une fois le local dégarni de ses hôtes anciens, il s'agit de l'approprier à sa destination nouvelle, de préparer et de meubler des salles d'étude et de classe, des dortoirs, des réfectoires; en un mot, de pourvoir aux soins si variés dont les détails compliquent à présent l'administration, bien plus simple jadis, d'un internat secondaire.

Le P. Captier, bien qu'assisté en ce point par un religieux qui lui avait été donné pour compagnon de ces premières démarches, donnait cependant à tout le coup d'œil du maître et de l'homme déjà préparé par une pratique antérieure. Outre la nécessité d'initier à cette besogne son jeune *socius*, encore à ses débuts, il trouvait dans cette activité physique une diversion salutaire aux préoccupations et aux soucis de la question légale.

Tandis qu'il s'occupait de ces arrangements, attendant la réponse promise du vice-recteur, il apprit le remplacement de M. Rouland par M. Duruy au ministère de l'instruction publique. Ce changement en lui-même n'entraînait aucune indication favorable ou contraire à la fondation d'Arcueil. On sait en effet que, pendant cette période de l'Empire, les ministres, très-peu responsables, n'étaient guère que les prête-noms officiels de la politique personnelle du chef de l'État, plus ou moins bien conseillé par son entourage intime.

Membre éminent et convaincu de l'Université, écrivain généralement respectueux dans les questions religieuses, mais bornant son respect à la reconnaissance impartiale des bienfaits de l'Eglise dans le passé et au silence pour ses efforts dans le présent, M. Duruy ne devait pas être personnellement sympathique aux congrégations religieuses ni à la fondation d'une école libre. On pouvait s'attendre néanmoins à trouver en lui un contradicteur loyal et sincère, disposé par ses habitudes antérieures, autant que par l'estime qu'il avait de la valeur de ses adversaires, à apporter dans ses luttes avec eux une tactique plus franche et plus équitable que celle de son prédécesseur. L'avénement aux affaires d'une personnalité toute nouvelle offrait de plus au gouvernement un prétexte pour se désister de la rigueur affectée par le précédent ministre. C'était, en tout cas, une chance de succès qu'il ne fallait pas négliger, quelque douteuse qu'elle parût.

Transformant presque en certitude l'espoir qu'il avait conçu à ce sujet, le P. Captier écrivait le 24 juin :

« A cette heure, vous savez peut-être le changement de ministère, et vous devinez la joie que j'en ai : il me semble que la main de Dieu est là. »

A cette même date, il envoyait au P. D..., futur titulaire de l'école, le billet suivant :

« Le changement de ministère vous est connu, mon cher Père, et vous voyez quel parti nous en pouvons tirer. Réjouissons-nous d'avoir persévéré et de n'être pas allés trop vite. J'ignore encore si nous devrons réclamer pour le passé, ou bien recommencer nos démarches, comme si rien n'avait été fait. Ce dernier procédé me paraît être le plus délicat pour M. le vice-recteur.

« Par prudence, envoyez-moi ici, par le plus prochain courrier, une lettre analogue à votre toute première, pour demander votre certificat de stage. Quant à la lettre *menaçante*, elle devient heureusement inutile. »

Quelques jours plus tard, il commençait, dans ce sens, de nouvelles négociations auprès du ministre et du vice-recteur. Dans une note adressée à ce dernier, rappelant l'état de la question, il développait de nouveau les convenances générales et particulières de la fondation, que l'ancien ministre avait peut-être négligé d'examiner ; et, sans revenir directement sur la question juridique, il terminait par ces lignes, empreintes à la fois de fermeté et de modération: « Je ne renonce à aucun des droits personnels du R. P. D..., qui m'a donné le mandat de suivre son affaire, mais j'entre volontiers dans des considérations propres à pacifier. Je fais ce qui dépend de moi pour éviter un conflit dont les esprits passionnés pourraient abuser contre le gouvernement et contre nous. »

Après onze heures d'attente, le ministre fit répondre par le vice-recteur que « la décision de son prédécesseur avait pour base les décrets du 3 messidor an XII, 18 février 1809 et 29 décembre 1810, relatifs aux associations religieuses non autorisées. — Or l'application de ces décrets ressortit exclusivement au ministère des cultes. — En conséquence, et par suite du décret du 23 juin, qui divise ces deux départements ministériels, le ministre actuel de l'instruction publique n'a pas compétence pour statuer sur la réclamation du R. P. Captier. »

Ainsi, loin de bénéficier de l'évolution accomplie dans le ministère, l'affaire d'Arcueil allait se compliquer d'une autre difficulté. Non-seulement l'avénement de M. Duruy n'apportait aucune diminution de rigueur, mais il servait à créer une opposition nouvelle dans le ministère des cultes, récemment séparé de l'instruction publique et réuni à la justice. D'autre part, il est vrai, cette division pouvait offrir cet avantage d'obtenir plus facilement du département de l'instruction publique, désormais isolé, la stricte exécution de la loi sur l'enseignement secondaire chose à laquelle le précédent titulaire avait pu se refuser à l'aide d'une confusion habile des deux questions, religieuse et scolaire.

Pénétré de l'utilité de cette distinction, le P. Captier fit remettre au vice-recteur de l'Académie une nouvelle déclaration, réitérant le dépôt légal et la demande de récépissé. Il obtint ensuite du ministre de l'instruction publique une seconde audience, dont il rend compte en ces termes :

« Je sors tout triste de chez S. Exc. le ministre de l'instruction publique. Il fait montre de son esprit anticlérical et affecte en même temps beaucoup de franchise et de roideur.

« La question que nous soulevons est complexe,

dit-il. D'une part, en tant que nous voulons ouvrir une école libre, nous avons affaire à lui; d'autre part, en tant que le P. D... est un religieux, l'affaire devient *politique*, et ressort du ministère des cultes. Il prétend ne rien pouvoir faire tant que la question politique n'est pas vidée.

« Ma conclusion de tout cela, c'est que ce n'est pas le *ministre* qui nous résiste, mais une volonté supérieure.

« Le secrétaire général du ministère est allé jusqu'à nous soutenir que nous sommes *morts civilement*. Son argumentation ressemble fort à une leçon mal apprise.

« Demain j'essayerai de voir S. Exc. le ministre des cultes. Si je n'obtiens rien, je m'occuperai sans retard des sommations à faire à M. le vice-recteur.

« C'est demain saint Henri. Espérons que le P. Lacordaire nous aidera de là-haut! »

Le lendemain, le P. Captier est reçu, en effet, par le chef de cabinet du ministre des cultes, qui lui assure que « M. le garde des sceaux n'est pas l'auteur des difficultés que rencontrent les fondateurs d'Arcueil, et qu'on va répondre au ministre de l'instruction publique de manière à lui laisser la responsabilité de ce qu'il fera. »

Sur cette promesse, le Père interrompt ses démarches. Un voyage à Oullins le tient absent pendant trois jours. A son retour, la réponse promise n'était pas encore arrivée; mais il apprend du secrétaire de l'Académie que les trois ministres compétents, celui de l'instruction publique, celui de l'intérieur (1), et le ministre intérimaire des cultes (2) doivent se réunir à ce sujet et donner une réponse définitive qui sera transmise par l'Académie.

Au jour fixé, la réponse fait encore défaut. Ce retard, assure M. le secrétaire de l'Académie, ne présage rien de mauvais : un refus serait annoncé catégoriquement : une bonne réponse est plus difficile à rédiger.

« Ils sont donc bien embarrassés, nos gouvernants, qu'ils ne nous répondent pas, écrit le Père au sortir de la Sorbonne. Aujourd'hui je suis allé réclamer la réponse promise par M. le secrétaire général de l'instruction publique, mais elle n'y était pas. Peut-être que le *Moniteur* annoncera prochainement la suppression du huitième commandement de Dieu, afin de rendre plus aisées les paroles aimables et flatteuses... Pendant ces délais, le conseil départemental de la fin du mois approche,

(1) M. Boudet.
(2) Le maréchal Vaillant.

ce qui nous obligera à montrer les dents sur papier timbré. »

Il adresse en même temps au secrétariat général de l'instruction publique une lettre d'instances nettement formulées. « Je ne demande pas, y est-il dit, la solution de la question *politique* soulevée par M. Rouland; c'est une question à part, que je ne négligerai point, mais à laquelle on ne peut pas subordonner celle de l'instruction publique. Voici ma demande dans toute sa simplicité : saisira-t-on sans délai le conseil départemental de notre demande de *certificat de stage?* Ce certificat étant délivré et rendant complet notre dossier, nous donnera-t-on le *récépissé de nos pièces?* »

Le 27 juillet, nouvelle audience du ministre de l'instruction publique. Son Excellence reconnaît les droits des fondateurs d'Arcueil, interprète la loi comme ils l'interprètent, et veut pour leur affaire une solution favorable.

Mais le ministre des cultes maintient son opposition et écrit qu'on ne doit pas donner le certificat de stage, ni le récépissé des pièces. Aucune observation ne peut le faire revenir de ce sentiment. Le cabinet étant de la sorte divisé, l'affaire reste pendante et indécise jusqu'au très-prochain retour de l'empereur.

On invite le P. Captier à prendre patience et à ne pas exiger que la cause soit immédiatement portée au conseil départemental. A cela il répond que l'ouverture des vacances empêchant les réunions suivantes de ce conseil, il ne peut admettre aucun délai nouveau. Il doit faire un acte conservatoire de ses droits, et le fera dans les termes les plus délicats. Le ministre, à son tour, témoigne sa confiance dans les sentiments sérieux des Dominicains, loue leur conduite, affirme son désir d'arranger l'affaire, offre enfin une réunion extraordinaire du conseil départemental dans la première quinzaine d'août. Le Père ne cède qu'après avoir obtenu la promesse écrite que cette réunion aurait lieu.

On allait donc, à la fin, recevoir une décision souveraine qui terminerait le désaccord convenu des ministre ; et tout faisait croire, comme l'espérait le P. Captier, que ce serait, à défaut de la reconnaissance explicite du droit des religieux, la consécration d'une tolérance à laquelle on voulait maintenir le caractère d'une faveur toute spéciale.

Le 8 août, impatient de connaître cette décision, le P. Captier se présente, accompagné du titulaire de l'école, au ministère de l'instruction publique. M. le secrétaire général leur apprend que l'opinion de M. Duruy a prévalu et que l'affaire suivra son cours régulier devant l'administration de l'instruction publique. La question politique est renvoyée, non plus au ministre des cultes, mais au ministre de l'intérieur qui désire voir les réclamants.

Le soir, en effet, les Pères sont reçus par S. Exc. M. Boudet, qui leur renouvelle les déclarations déjà faites : qu'ils ont tout droit devant la loi de 1850, que leur affaire suivra son cours régulier, etc... Il ajoute, il est vrai, des réserves en faveur des lois contre les communautés religieuses, lois que le gouvernement croit toujours exécutoires et dont il se servira dans l'occasion. Tout en louant l'esprit du Tiers-Ordre, le ministre fait entendre que le gouvernement pourrait, s'il le voulait, s'opposer à la fondation; pourrait même, après la fondation, dissoudre la communauté d'Arcueil. — Le gouvernement n'est pas hostile aux maisons religieuses, mais il ne veut pas qu'elles se multiplient au point de devenir une concurrence dangereuse pour les maisons d'enseignement de l'État.

« Bref, écrit le P. Captier, au sortir de cette entrevue, le ministère nous a fait deviner qu'on veut tolérer notre fondation, mais non l'approuver, ni abandonner le système d'après lequel nous vivons sous une simple tolérance. »

Au milieu de ces subtilités plus ou moins adroites

ressortait la reconnaissance du droit individuel de fonder une école secondaire, conformément à la loi de 1850. Les réserves faites sur la qualité religieuse des demandeurs et l'éventualité d'une dissolution mise en avant par le ministre de l'intérieur, ne paraissaient devoir jouer qu'un rôle comminatoire ayant pour effet de faire valoir l'abstention bienveillante que l'on semblait promettre. Ainsi pensait le P. Captier, et il put espérer un moment avoir évité un conflit public, qui répugnait non moins à la nature conciliante de son esprit qu'aux convenances de l'œuvre qu'il représentait.

Cet espoir lui fut promptement enlevé. Ce fut M. Boudet, désormais chargé du rôle actif dans l'affaire d'Arcueil, qui démasqua la position nouvelle où se retranchaient les membres du cabinet.

« Le gouvernement, dit le ministre de l'intérieur au Père, a de nouveau délibéré sur votre affaire, et ne trouve pas opportun de permettre en ce moment votre fondation. — Cependant votre droit individuel est certain, et conséquemment vos formalités auprès de l'Académie ne sauraient être empêchées. — On n'a pas le moyen de s'opposer à l'ouverture de l'école, mais on dispersera la communauté. — Le gouvernement entend d'ailleurs respecter toutes les positions acquises, et nulle communauté n'a à craindre, quoi que vous fassiez. Si votre communauté d'Arcueil est dispersée, celle d'Oullins n'en souffrira aucun contre-coup ; car le gouvernement ne veut pas persécuter. — Vos personnes seront respectées comme très-honorables ; vous serez même protégés contre toute persécution ; mais (c'est le refrain) vous serez dispersés. »

« Aujourd'hui, reprend le P. Captier dans le récit de ses démarches, je suis allé à l'Académie pour remplacer une déclaration qui aurait été égarée pendant un des voyages du dossier. On m'a répété que nous recevrions enfin notre récépissé. Rien ne marque de l'opposition de ce côté-là.

« Nous voilà donc au point que nous avions prévu à l'origine de l'affaire : d'une part, la loi de 1850 qui s'exécute ; d'autre part, une solennelle intimidation politique. Nous n'avons aucune démarche agressive à faire. A supposer qu'on nous disperse, nous ne risquons rien de plus qu'en nous arrêtant à présent ; nous y gagnons au contraire le prestige de la demi-persécution.

« Dans cette situation, faut-il aller en avant comme si de rien n'était ? ou bien faut-il diminuer le personnel des religieux et accroître celui des laïques ? J'incline pour le premier plan, sauf à faire appel à quelques dévouements au dernier moment. »

Le lendemain, l'envoi du récépissé de l'Académie consacrait la situation : dans un mois, à partir de ce jour, on pourrait ouvrir l'école, s'il n'était fait aucune opposition concernant le local ou la personne du directeur titulaire.

Un peu plus tard, un inspecteur d'académie se présentait à Arcueil, y faisait une minutieuse revue de toutes choses, prenait des notes, et, après quelques questions et remarques adressées au P. Captier sur lui-même et sur la cause de l'absence momentanée du titulaire, se déclarait satisfait.

Tout était donc régularisé du côté de l'autorité académique; mais en même temps était maintenue, malgré les explications précédentes et les démarches encore tentées depuis par le P. Captier, l'opposition soutenue par le ministre de l'intérieur au nom du gouvernement, en s'appuyant sur les lois de proscription contre les ordres religieux.

Dans le courant du mois de septembre, le préfet de police fit donner au P. Captier communication d'une lettre à lui adressée par le ministre de l'intérieur, qui « expose que, nonobstant ses avis, le P. Captier et le R. P. D.... continuent de préparer l'ouverture de leur établissement et d'inscrire des élèves. Il invite M. le préfet de police à leur faire connaître que le gouvernement entend toujours s'opposer à leur fondation.

« J'ai prié M. le commissaire, raconte le P. Captier, de remercier M. le préfet de police de la courtoisie de son procédé. Je lui ai déclaré que nous sommes en mesure, le P. D.... comme chef d'institution, et moi comme gérant des actionnaires, d'ouvrir, si besoin est, notre école avec des laïques. Par conséquent, il n'y aura pas de conflit; mais nous avons des raisons de croire que S. M. l'empereur ne permettra pas qu'on emploie contre nous des moyens rigoureux. M. le commissaire m'a dit très-poliment qu'il accomplit sa mission, mais qu'il ignore si les menaces contenues dans la lettre seront suivies de leur effet. »

Après cet acte, il n'était plus possible de conserver une illusion sur les intentions du pouvoir. Ayant échoué dans le système de conseils, d'intimidations, de retards et de confusions employé tout d'abord; obligé, par l'énergie franche et sagace du P. Captier, à reconnaître les droits des fondateurs devant la législation spéciale de l'enseignement, il se montrait résolu à en annuler les effets au moyen d'une persécution antilibérale, dont le ministre de l'intérieur devint l'exécuteur impitoyable, autant que patient et courtois ; car il faut rendre cette justice à ce fonctionnaire, investi d'un rôle ingrat, qu'il usa de toutes les sommations et de tous les avertissements préventifs pour engager les Dominicains à éviter, par un désistement volontaire, l'accomplissement de ses menaces.

Le récépissé de l'Académie ayant été délivré le 21 août, l'école pouvait être déclarée ouverte dès le 22 septembre. La rentrée eut lieu le 12 octobre. Ce jour-là, le modeste local du nouveau collége chrétien reçut douze élèves. Quelques-uns de ces enfants avaient commencé leur éducation à Oullins. Transférés à Arcueil, à cause des sympathies ou des convenances de leurs familles, pour en être le premier noyau, ils retrouvèrent dans leur supérieur un Père déjà connu et aimé, et ne furent pas longtemps à faire partager leurs sentiments aux nouveaux venus, qui étaient en majorité.

Les six religieux dont se composait la communauté naissante, joints aux ecclésiastiques séculiers et aux laïques professeurs ou employés, formaient un personnel plus nombreux que celui des élèves; mais, outre qu'on devait prévoir un accroissement prochain, les élèves déjà présents appartenaient à des classes distinctes, dont il fallait dès lors constituer l'enseignement.

Dans ces conditions exceptionnelles, on imagine facilement quelle intimité s'établit, dès les premiers jours, entre les divers éléments de cette famille d'élèves et de maîtres, prêtres et laïques. La classe la plus nombreuse comptait jusqu'à trois élèves. Cependant tout était organisé comme si la maison eût fonctionné depuis longtemps : les exercices se succédaient avec la plus grande régularité. La gaieté, l'entrain, et cette généreuse effervescence, qui est le privilége des commencements, s'étaient emparés de ce petit troupeau que ne troublait aucune appréhension. Professeurs et écoliers ignoraient, en effet, la fragilité de l'abri qui les réunissait. Ils avaient bien entendu parler d'obstacles apportés à la fondation par le gouvernement, de difficultés qui en avaient entravé la marche et compromis le succès ; mais, l'école étant ouverte, ils crurent tout danger disparu. Seuls les religieux les plus anciens, confidents de toute la situation, en partageaient l'inquiétude avec le P. Captier. Celui-ci portait avec une sérénité toute chrétienne ce lourd fardeau. Reconnaissant envers la Providence de lui avoir aplani l'obstacle premier et fondamental, en permettant l'ouverture de l'école, il se confiait en elle pour surmonter les difficultés futures.

Les menaces de fermeture, loin d'être abandonnées, venaient d'être rappelées encore par le ministre de l'intérieur, dans une audience accordée l'avant-veille de la rentrée d'Arcueil. Il avait vivement pressé le P. Captier de ne pas aller outre, et lui avait renouvelé la résolution du gouvernement de procéder par voie de fait, si ses volontés n'étaient pas obéies.

Bien que le P. Captier ne crût plus guère possible d'échapper aux effets de cette décision, et qu'il eût déjà arrêté la conduite à tenir, le moment venu, il tenta néanmoins un dernier effort pour changer les dispositions du chef de l'Etat, à qui remontait en dernier lieu la responsabilité des rigueurs ministérielles. Il essaya donc, par deux fois, de faire parvenir des requêtes directement à l'empereur. Grâce à d'obligeants intermédiaires, elles furent remises en effet; mais, renvoyées tantôt au ministère de l'instruction publique et tantôt au ministère de l'intérieur, elles eurent le sort ordinaire des pièces de ce genre.

La prévision de ce résultat n'avait pas arrêté le P. Captier. Il ne fut pas troublé davantage par la crainte de voir méjuger, d'après cet acte, la dignité et l'indépendance de son caractère. En véritable fils de l'Évangile, il plaçait bien au-dessus des préférences et des susceptibilités politiques la soumission ordonnée par Jésus-Christ à l'égard des pouvoirs établis, et ne voyait aucune hypocrisie dans un acte de déférence, n'ayant pour objet d'autre faveur que la reconnaissance de son droit. Puis dans une affaire qui intéressait l'honneur de la religion et le bien du pays, sans parler des intérêts engagés, toutes choses qui lui étaient plus précieuses que sa propre personnalité, il eût passé sur bien d'autres délicatesses et vaincu bien d'autres répugnances pour faire triompher la justice. N'est-ce pas, d'ailleurs, rendre service aux gouvernants plutôt que de leur en demander un, que de leur faire entendre le langage de l'équité?

C'est dans ce sentiment qu'il écrivit au ministre de l'intérieur, pour lui recommander sa nouvelle démarche, une lettre touchante de noble et chrétienne simplicité :

« Arcueil, 8 novembre 1863.

« Monsieur le ministre,

« M. le chef de cabinet de l'empereur me donne avis que ma requête, qui a déjà reçu une réponse favorable de M. le ministre de l'instruction publique, est renvoyée à l'examen de Votre Excellence. C'est donc à vous, monsieur le ministre, à vous personnellement que paraît incomber la responsabilité de la résolution définitive de l'empereur à notre égard. Comment ne pas me rappeler les paroles bienveillantes par lesquelles vous avez terminé votre dernier entretien ? Vous m'avez dit que vous seriez heureux qu'on prît une décision conforme à mes désirs, et voilà que cette décision vous est demandée. Cette simple tolérance que je réclame après avoir traversé des épreuves très-longues, après avoir été victime d'une erreur depuis lors reconnue ; cette tolérance, dis-je, ne nous sera pas refusée, si l'empereur est véritablement instruit de ce que nous sommes, de ce que je demande, du but que je poursuis. Il me serait doux d'apprendre que Votre Excellence, qui connaît ma pensée intime, m'a aidé par une bienveillante protection.

« Je ne vous ai point caché, monsieur le ministre, que je redoute les luttes en matière religieuse. Je ne les redoute point par caractère, puisque j'ai montré dans cette affaire une opiniâtreté plus qu'ordinaire, je les redoute par patriotisme et par religion.

« Par principe, par devoir, je respecte et j'aime le prince que la France s'est donné ; je crois que ce respect et cette fidélité doivent être enseignés à la jeunesse, et c'est pour cela que j'ai gardé le silence devant le pays sur des faits qui auraient ému un trop grand nombre de chrétiens. Vous me reprochez ma qualité de dominicain, mais suis-je coupable en cela ? Est-il nécessaire à l'État que j'en sois puni ? Si je mets au service de la bonne cause tout ce que je trouve d'énergie et de dévouement dans mes habitudes de sacrifice, dois-je être confondu avec les ennemis de l'empereur et du pays ?

« Il n'est point interdit, monsieur le ministre, de s'adresser aux hommes à qui Dieu a confié le gouvernement du pays. Je vous dirai donc sans détour que ces luttes, ces souffrances morales, que j'ai subies et non cherchées, ont affermi mon espoir de trouver protection auprès de l'empereur. Il y a dans quelques esprits une erreur ou une confusion, qui seules peuvent expliquer l'ostracisme dont je suis frappé. Cette erreur, il est de mon devoir de la combattre, en y opposant la vérité méconnue. Si Votre Excellence a quelque grief contre moi ou contre mon entourage, je la supplie de ne point me le cacher. Si, au contraire, vous me croyez digne de mon état d'instituteur, si vous croyez à la sincérité de mes déclarations, si vous trouvez que j'ai concilié dans ma conduite la fermeté de l'homme libre avec le respect du pouvoir, soyez bienveillant pour cette école éminemment nationale que nous commençons à Arcueil, et aidez-nous de votre recommandation auprès de Sa Majesté. »

Cette tentative resta sans succès. Le lendemain, même, le ministre prévenait le P. Captier que la fermeture de l'école lui serait signifiée dans deux ou trois jours.

Après cet avertissement, le Père dut songer à exécuter les résolutions concertées à l'avance en prévision de ce qui arrivait. Il fallut formuler une protestation en réponse à l'acte du gouvernement, et préparer les changements qu'entraînerait le nouveau mode d'existence où cet ultimatum allait placer l'école. Trois jours étaient insuffisants pour tout cela : aussi le P. Captier songeait-il à demander un délai qu'on ne pouvait refuser. Mais, avant d'en venir là, les trois jours se passèrent, et la semaine entière s'écoula sans amener la visite du commissaire de police. Elle ne devait avoir lieu que le 16 novembre.

La veille, on célébrait la fête du Bienheureux

Albert le Grand, patron de la jeune école. Les offices de l'Eglise, un modeste banquet, et le soir la cérémonie d'une profession religieuse un peu avancée dans l'attente des événements prochains, réunirent autour des Pères d'Arcueil une élite d'amis dévoués ; ce furent les adieux aux formes dominicaines qui allaient disparaître de l'école, on ne savait pas pour combien de temps.

Vers le matin du jour suivant, un commissaire délégué par le préfet de police se présentait à Arcueil. Reçu par le P. Captier et le P. D..., il leur communique une lettre signée du chef de cabinet de la préfecture, se terminant par cette conclusion :

« ... Je vous prie, en conséquence, de notifier audit P. Captier, ainsi qu'aux autres membres de la congrégation des Dominicains réunis au château d'Arcueil, que leur établissement doit être fermé, et qu'un délai de huit jours leur est accordé, tant pour rendre à leurs familles le petit nombre d'enfants qu'ils ont dans leur maison, que pour disperser les membres de leur congrégation. Vous ne leur laisserez pas ignorer que, si dans ce délai l'établissement n'est pas complétement dissous, il sera procédé à sa fermeture par les soins de mon administration. »

Après avoir lu cette pièce, les Pères remirent à

M. le commissaire de police la protestation suivante dont on leur donna un reçu :

«Les soussignés, R. D... prêtre, licencié ès lettres, directeur de l'école Albert-le-Grand, et François-Eugène Captier, prêtre, aumônier de ladite école, fondés de pouvoirs des actionnaires, après avoir reçu communication de la lettre de M. le préfet de police à M. Demarquay, commissaire de police, en date du 15 novembre courant, ont exposé ce qui suit :

«M. l'abbé D..., directeur de l'école, a rempli toutes les formalités exigées par la loi du 15 mars 1850, comme cela résulte du récépissé délivré au nom de M. l'inspecteur d'Académie chargé de l'enseignement secondaire libre, en date du 22 août 1863, signé A. Nisard. Protégé dès lors par la loi, il n'a fait qu'user de son droit en choisissant ses collaborateurs comme il lui a plu, non au point de vue de former une agrégation religieuse contraire aux lois de l'État, mais simplement une agrégation professorale indispensable à l'exercice de sa profession.

« Néanmoins les soussignés, pénétrés du respect qu'ils doivent aux dépositaires du pouvoir, et ne voulant en aucune sorte faire de leur situation un instrument d'opposition politique, déclarent, tout en réservant leurs droits, qu'ils feront valoir au besoin devant les diverses juridictions compétentes, qu'ils vont s'occuper sans retard de la dissolution de ce qui a été qualifié du nom de congrégation religieuse, et de la sécularisation de leur établissement, sécularisation qui sera rendue constante, tant par le choix et l'habit des maîtres que par l'isolement de toute autre maison formant une congrégation religieuse quelconque. Ils donneront à cette mesure toute la publicité désirable. »

Le délai de huit jours fixé par le préfet de police fut employé aux préparatifs nécessités pour la transformation promise. Avis fut donné aux différents intéressés, actionnaires de l'école et familles des élèves, de cette transformation et des changements qu'elle pouvait entraîner dans leurs rapports avec les directeurs obligés à s'isoler de leur congrégation, dans leurs actes publics. Tous furent unanimes dans la continuation de leur concours, et cette confiance si honorable pour les deux parties ne fut pas un des moins précieux encouragements recueillis par le P. Captier.

En présence de la situation faite à l'école par l'hostilité du gouvernement, et dont il était impossible de prévoir la durée, il eût été fort légitime de la part des parents de craindre l'interruption et le trouble qui pourraient en résulter dans l'éducation de leurs enfants. Et alors l'energique conduite du P. Captier devenait inutile et sa résistance sans objet. Il n'en fut rien. Tout au contraire, des pères de famille prirent occasion de cette épreuve pour amener à Arcueil de tout jeunes enfants, qu'on n'avait pas osé séparer de leurs mères jusqu'alors, affirmant ainsi avec une généreuse hardiesse l'indépendance courageuse de cet esprit parisien si favorable aux nobles causes, quand il ne subit pas de déplorables entraînements.

Les quelques élèves venus des départements plus éloignés ne furent pas retirés non plus.

Le jour de la séparation arrive. Après les adieux où la tristesse du départ avait été tempérée par l'excitation que procure toute situation improvisée, le T. R. P. Lécuyer, provincial du Tiers-Ordre de Saint-Dominique, procéda à la dispersion de la communauté en emmenant avec lui quatre des six religieux qui la composaient. Les deux directeurs, qui, avec la permission du général, avaient échangé leurs robes blanches contre la soutane ecclésiastique, restèrent seuls avec leurs collaborateurs séculiers.

Cette transformation fut notifiée au ministre de l'intérieur par une lettre du T. R. P. Lécuyer, développement et commentaire de la protestation adressée au préfet de police (1). Elle était en même

(1) « Arcueil, 22 novembre 1863.

« Monsieur le ministre,

« Les directeurs de l'école d'Arcueil me communiquent une lettre de M. le préfet de police, d'après laquelle il leur est enjoint de dissoudre la communauté des religieux qui dirigent l'établissement, dans un délai de huit jours.

« Comme supérieur provincial des dominicains du Tiers-Ordre enseignant, je crois d'abord devoir informer Votre Excellence que j'adhère de tout mon pouvoir à la protestation que MM. Captier et D. ont déposée entre les mains des mandataires de M. le préfet.

« Mais, encore une fois, nous n'avons nullement songé à faire de notre situation un aliment pour les oppositions diverses. Aussi, ai-je l'honneur d'informer Votre Excellence qu'il a été fait droit aujourd'hui même à l'injonction de M. le préfet de police, en tant qu'elle peut être appuyée sur les lois existantes. La communauté des religieux a été dissoute; j'ai dispersé dans plusieurs lieux les membres dont elle était composée. L'habit religieux n'est plus porté par aucun des maîtres ou employés de l'école Albert-le-Grand; et je vais pourvoir à ce que le public connaisse, par la voie des journaux, de quelle manière nous entendons obéir aux lois de notre pays.

« Mais Votre Excellence me permettra d'ajouter que ces mêmes lois ne nous imposant nullement le devoir de procéder à une dissolution plus complète, M. l'abbé Captier, après comme avant sa sécularisation, demeure le représentant d'une société civile qui possède le château d'Arcueil en vertu d'un titre incontesté. M. l'abbé D. conserve les droits de chef d'institution qui lui ont été conférés d'après la loi de 1850. Soit dans la législation qui régit la propriété, soit dans celle qui régit l'enseignement public, rien que je sache ne peut être opposé à l'exécution du mandat qui leur temps rendue publique par un article inséré dans les journaux (1).

On a pu remarquer que l'arrêté du préfet de police portait une double prescription. Les dominicains y sont invités « à rendre à leurs familles le petit nombre d'enfants qu'ils ont dans leur maison, et à disperser les membres de leur congrégation ».

a été imposé et renouvelé par les propriétaires de l'établissement d'Arcueil.

« J'ose donc espérer, monsieur le ministre, que, sous le prétexte de l'habit religieux qu'ils portaient naguère, ces messieurs ne seront nullement inquiétés, désormais, dans l'exercice de droits parfaitement certains. Il m'est impossible de croire que le gouvernement d'un grand pays puisse songer à mettre en quelque sorte hors la loi d'honorables citoyens, par ce seul motif qu'ils font ou ont fait partie d'une association religieuse qui n'a pas encore d'existence légale.

« Daignez agréer, etc.

« Fr. LA R. LÉCUYER, provincial. »

(1) « M. le préfet de police vient d'ordonner la dissolution de la communauté des dominicains du Tiers-Ordre enseignant, qui dirigeaient à Arcueil l'établissement déjà connu sous le nom d'école Albert-le-Grand.

« Les religieux ont dû céder à des injonctions formelles et se disperser dans le délai qui leur avait été prescrit.

« L'habit dominicain a donc entièrement disparu du château Berthollet, mais l'école Albert-le-Grand reste cependant ouverte à la confiance des familles. M. l'abbé D., licencié ès lettres, chef d'institution, et M. l'abbé Captier, ancien supérieur de l'école d'Oullins, mandataire de la société civile qui possède l'établissement d'Arcueil, en conservent la direction, avec le concours dévoué d'un personnel de professeurs séculiers. »

La protestation des directeurs et les mesures qui les suivirent donnaient satisfaction au second point seulement. Le P. Captier et ses collègues, en se soumettant à l'interdiction prononcée contre la réunion religieuse, interdiction légale par sa conformité à des décrets abrogés, réservaient formellement la question du renvoi des élèves et de la fermeture de l'établissement. Ils soutenaient, en vertu du droit commun dont ils n'avaient cessé de réclamer le bénéfice, qu'une école régulièrement ouverte et dirigée par des hommes jouissant individuellement de tous leurs droits de citoyen, ne pouvait être fermée que par une mesure arbitraire dont aucune loi ne sanctionnerait les effets, et que la raison politique ne suffirait pas à justifier.

Oserait-on employer la violence? C'est une question qu'avait dû se poser le fondateur d'Arcueil. Car autant il avait fait appel jusqu'au dernier moment aux moyens de conciliation, autant, appuyé sur le suffrage de ses supérieurs et de son entourage, il était résolu à poursuivre l'exercice de son droit jusqu'à la contrainte de la force brutale.

Le gouvernement s'en tint là. Les motifs qui le firent se contenter d'une satisfaction aussi incomplète et abandonner des exigences aussi nettement formulées, furent sans doute de diverses sortes. La lassitude, qui détend parfois jusqu'aux ressorts administratifs, la crainte d'un scandale toujours odieux, et même le respect d'un courage dont on était forcé de reconnaître les nobles inspirations, purent avoir part à cette cessation subite des hostilités. Peut-être aussi espérait-on que l'école, compromise dans un conflit politique dont la portée et la cause seraient mal appréciées du public, tomberait d'elle-même, dans un pays où la protection au moins tacite du gouvernement est presque nécessaire à la prospérité des entreprises qui ne se font pas une popularité d'un autre genre par des agressions injustes et passionnées.

L'école Albert-le-Grand évita cet écueil. Les interprétations erronées sinon malveillantes que certains journaux donnèrent au décret du préfet de police ne tinrent pas contre la vérité racontée simplement et avec modération. La continuation et les progrès de l'école furent d'ailleurs la meilleure réfutation des faux bruits et des insinuations perfides.

Il y avait un danger plus grave dans l'opinion que s'étaient formée, sur la convenance des mesures prises par le P. Captier, les personnes qui en avaient connu et suivi les péripéties, opinion que l'autorité de ses fauteurs ne permettait pas de négliger. Les mêmes esprits qui avaient blâmé au début sa persistance en face des refus signifiés, et paru craindre qu'il ne compromît par là les intérêts communs des causes religieuses, n'étaient pas éloignés de l'accuser de trahison, lorsque, pour des raisons d'un ordre majeur, il dut abandonner quelques-unes des formes extérieures de la vie religieuse, auxquelles personne n'était attaché plus que lui (1). On avait même prononcé le mot d'apostasie pour qualifier cet acte parfaitement légitime et régulier.

Le P. Captier ne pouvait rester exposé à ces soupçons injurieux. Car, en le frappant plus directement, le blâme atteignait toute la congrégation qui devait honorer et non trahir la conduite du prieur d'Arcueil.

Un mémoire fut rédigé pour être communiqué à ceux que les apparences mal interprétées avaient prévenus contre la régularité de la situation religieuse des directeurs de la nouvelle école. Ce mémoire, reproduisant les principales pièces du procès, se terminait par ces lignes :

« Telles sont aujourd'hui (8 décembre) la situa-

(1) « Je prévois, écrivait le P. Captier, quelques jours avant la visite de M. Demarquay, qu'après avoir effrayé les trembleurs, nous allons mécontenter les hommes qui rêvent opposition ; mais, pourvu que Dieu soit pour nous, qu'importe le reste ! »

tion et l'histoire de l'école d'Arcueil. Rien n'a été dissimulé dans ce récit, et il ne reste à ajouter qu'une seule chose.

« Depuis la transformation qu'elle a été contrainte d'accepter, et qui, si Dieu le permet, ne sera que transitoire, aucune mesure nouvelle n'est venue troubler la paix dont elle jouit. C'est un état supportable sans doute, mais pourtant pénible et affligeant pour des âmes religieuses. Et si ceux qui souffrent ces choses pour la cause sacrée de l'enseignement catholique méritent d'occuper la pensée de leurs frères, espérons qu'au lieu d'être une pensée de soupçon et de blâme, ce sera une pensée de prière et d'affectueuse compassion. »

Deux mois plus tard, le P. Captier, quittant Arcueil pour quelques jours, revêtit l'habit religieux à son départ et pour le temps du voyage seulement. Ce fait, remarqué et rapporté sans doute par quelque agent de surveillance, donna lieu à une nouvelle visite du commissaire de police. M. Demarquay, le même qui avait été chargé de signifier l'arrêté prescrivant la fermeture de l'école, s'enquit auprès du P. D... remplaçant le P. Captier, s'il n'y avait plus de dominicains à Arcueil. Il lui fut répondu qu'à l'exception d'un Père étranger au personnel de la maison et n'y résidant qu'à titre d'hôte, personne, dans l'école, ne portait l'habit religieux depuis le 23 novembre. M. le commissaire se montra pleinement satisfait de cette déclaration. Mais le secrétaire qui l'accompagnait, désireux de placer une observation judicieuse et qu'il croyait embarrassante, fit remarquer que, l'habit ne faisant pas le moine, rien ne prouvait que les directeurs d'Arcueil eussent cessé d'appartenir à l'ordre des Dominicains et rompu avec sa hiérarchie. — Ceci dépasse notre compétence, interrompit vivement M. Demarquay, épargnant au P. D... l'embarras de la réponse ; nous ne pouvons demander que ce que nous pouvons voir. — Cette leçon, inspirée de la maxime célèbre d'un grand diplomate, coupa court à l'incident. La réflexion de M. Demarquay (1) était aussi opportune que courtoise. En effet, si la police, au lieu d'une simple assurance concernant l'accomplissement des engagements pris par les directeurs

(1) M. Demarquay, qui avait montré, dans toutes ses visites, des égards si parfaits, devait revenir à Arcueil dans une douloureuse circonstance. Au mois de juillet 1871, il fut chargé d'y conduire, pour être confrontés et reconnus, des prévenus impliqués dans l'assassinat des dominicains. Ses souvenirs déconcertés au premier moment, par la vue des modifications et des agrandissements survenus depuis la fondation, redevinrent distincts à la suite des explications qu'il échangea avec les Pères présents qui, sans connaître sa personne, n'avaient pas oublié son nom.

d'Arcueil, eût voulu s'enquérir de leur situation canonique, elle s'y fût prise autrement ; mais elle n'avait que faire des questions insidieuses de M. le secrétaire, pour savoir à quoi s'en tenir. Elle savait aussi que, si quelque chose de la vie religieuse survivait à la disparition des formes extérieures, ce quelque chose est, grâce à Dieu, hors de sa portée. Parce que la loi peut interdire, à des hommes qui veulent servir Dieu et leur pays, d'habiter ensemble et de porter un vêtement de leur choix, elle ne saurait atteindre par ce fait l'essence de la profession religieuse, dont les liens défient d'autant mieux les efforts qui tendent à les rompre qu'ils sont plus intimes.

Dans ce déguisement imposé par le gouvernement pour cacher sa défaite morale, et subi par les dominicains, qui ne pouvaient autrement éviter le désastre d'une destruction arbitraire, il n'y eut d'ailleurs ni dupeurs ni dupés. Les directeurs d'Arcueil ne voilèrent leur qualité de religieux qu'autant qu'il le fallait pour ne pas paraître provoquer le pouvoir, qui, de son côté, feignit d'oublier cette situation singulière, dont il ne pouvait attaquer le côté illégal sans violer en même temps des libertés incontestables.

CHAPITRE X

Développement d'Arcueil. — Idées du P. Captier sur l'éducation du collége, son action sur les familles et sur ses collaborateurs. — Il prend part à la fondation de la *Société générale d'éducation et d'enseignement*. — Il est nommé membre d'un comité de l'*Association philotechnique*. — Son amour et son zèle pour les classes travailleuses. — Pensées du P. Captier sur la manière de combattre l'égoïsme des enfants et de développer leurs vertus.

Le retour favorable de l'opinion et l'accroissement rapide de la nouvelle école furent la récompense de cette lutte si courageusement et si patiemment soutenue. Pendant ces temps difficiles Arcueil vécut et se développa comme en pleine sécurité. Les membres dispersés de la communauté primitive avaient pu rentrer peu de temps après. D'autres religieux vinrent les rejoindre, avec la seule précaution du changement de costume, qui n'était plus regardée que comme un usage sans conséquence, distinguant Arcueil des autres établissements du Tiers-Ordre. Un jour enfin des robes blanches qui n'avaient pas cessé de se montrer sur les épaules d'un ou deux religieux occupés à un ministère extérieur, reparurent en nombre dans l'école. Comme il fallait un motif à cette restauration, le remplacement de M. Boudet par M. de la Valette en fournit le prétexte cherché depuis longtemps. Poussé par son propre désir et par les conseils de personnes aussi prudentes que bien informées, le P. Captier adressa au nouveau ministre de l'intérieur une demande dans ce sens. Elle ne reçut pas de réponse, M. de la Valette ne voulant et ne pouvant sans doute ni réformer une décision de son prédécesseur, ni se donner l'odieux d'un refus nouveau. Mais alors, encouragé par les mêmes conseillers qui avaient d'ailleurs prévu ce résultat, le prieur d'Arcueil, après avoir repris l'habit religieux le jour de Pâques et l'avoir ainsi réintégré dans son honneur, le fit revêtir successivement à de courts intervalles par tous les autres Pères. Ce changement, prévu sans doute, ne provoqua aucune réclamation de la part du gouvernement, et l'école ne fut plus inquiétée.

Le nombre des élèves avait continué de s'accroître. Il était de vingt-six à la fin de la première année; il se trouva doublé à la rentrée et s'éleva à la centaine dans le courant de cette seconde année. Les bâtiments de l'ancien château étant devenus insuffisants, il fallut songer à de nouvelles constructions. Le P. Captier avait fait étudier dès le commencement un plan complet, auquel n'avaient pas peu contribué son expérience et ses conceptions ingénieuses ; il en fit commencer l'exécution avec cette confiance, cet abandon à la Providence qu'il portait dans toutes les entreprises.

Moins préoccupé d'ailleurs de l'avenir matériel que de l'organisation intellectuelle et morale de son collége, il tournait toute son attention vers les progrès à réaliser dans et par l'éducation. Bien loin de se reposer sur ce qu'il avait déjà fait et de se complaire dans l'espèce de vogue que lui avaient faite ses démêlés avec l'administration, il se fût indigné à la pensée de ne faire servir cette victoire toute providentielle qu'à un intérêt de réussite privée. Un collége était à ses yeux une œuvre de longue patience, qui devait grandir par le temps et par le travail, pour se rapprocher de plus en plus d'un type idéal que le P. Captier se plaisait à dépeindre dans tous ses discours, en en variant les aspects. Dans *le collége chrétien*, la première de ses allocutions à Arcueil, il fixe à grands traits l'emplacement et les proportions de cet édifice moral où il se propose d'abriter la jeunesse. C'est une succursale temporaire des trois institutions qui servent de base à la société. L'enfant doit trouver dans l'école, avant tout, une famille qui retient de la famille naturelle toute la sollicitude, toute la tendresse, tous les chauds élans, pour mieux en combattre les faiblesses, à savoir : *l'abdication volontaire des parents*, *l'indépendance prématurée de l'enfant* et *l'avortement du caractère*, triple écueil de l'éducation moderne. Le collége est en même temps un apprentissage de la vie publique au moyen de l'esprit de corps, dont il favorise l'apparition et le développement. Par sa répartition des enfants en classes et en quartiers, par la communauté d'intérêts que ces arrangements créent entre eux, par les rivalités de l'émulation, par les récompenses accordées au mérite, par les priviléges reconnus au talent, par la règle enfin, qui est déjà une loi, le collége présente l'image de la patrie, et même sur un point l'image l'emporte sur la réalité. « Dans cette jeune république il n'y a pas un membre qui n'ait la perspective d'un avancement assuré, pas un qui n'ait part aux sourires de la fortune; les plus lents sont encore portés en avant par le flot des années. Ce petit huitième dont nous avons remarqué la tête blonde ne sera peut-être jamais un lutteur redoutable ; cependant un jour nous lui verrons une physionomie presque virile, un port assuré et le commencement flatteur de ce qu'on appellera bientôt une barbe. Alors il sera devenu important, il appartiendra à la plus haute classe, à l'aristocratie de la maison. Quel heureux temps, messieurs, que celui où, sans effort, par le courant des choses, on devient à la fois un grand philosophe et un important citoyen d'une petite patrie. »

L'Eglise, enfin présente dans le collége chrétien par son enseignement religieux, par la direction de ses ministres, élève et élargit encore le cadre où doit évoluer l'âme de l'enfant en rattachant à Dieu par l'intelligence progressive du plan divin toutes les connaissances enseignées, toutes les vertus inspirées, toutes les affections, tous les dévouements, tous les sacrifices compris et partagés.

Tel fut le programme d'éducation tracé par le P. Captier au commencement d'Arcueil. Il n'y avait certainement, dans le but proposé, rien de plus et rien de moins que ce à quoi prétendirent toutes les écoles religieuses ; et quant aux moyens d'atteindre ce but, le détail ne différa pas sensiblement de ce qui a déjà été raconté pour Oullins. C'était à peu près le même plan d'études, la même division du temps, les mêmes procédés d'émulation. Cependant avec la fondation d'Arcueil commença pour le P. Captier une phase nouvelle, ou, pour employer les termes consacrés aux œuvres d'art, comme une seconde manière, accusant une maturité plus affermie dans une ardeur que la fatigue n'avait pas diminuée. Cette transformation, progressivement opérée par la grâce unie à l'effort personnel, s'était accomplie sans qu'il eût à renier aucun de ses principes, ni rien à effacer dans ses actes antérieurs. Mais l'expérience acquise et les circonstances différentes lui permirent de se montrer supérieur à ce qu'il avait paru précédemment.

Il voulut tout d'abord établir avec les familles des rapports encore plus fréquents et plus intimes qu'il ne l'avait fait jusqu'ici. Ces relations, rendues plus nécessaires par la légèreté plus grande des enfants, étaient d'ailleurs facilitées à Arcueil par la situation des parents, habitant en grande partie à Paris même ou à une distance peu considérable. Par des entretiens ou par des lettres, le Père les tenait au courant des moindres détails, quand ils intéressaient la lutte critique de la jeune âme, disputée au bien par l'instinct déréglé de la passion naissante. Il les appelait à son aide, les faisant intervenir fréquemment, moins pour soulager son propre fardeau que pour leur faire exercer une sanction salutaire dont l'abandon lui semblait funeste pour le père et la mère autant que pour l'enfant. Le plus grand nombre se prêtait avec empressement à cet échange de renseignements, à cette action commune, soit qu'une telle vigilance secondât leurs désirs, soit qu'elle leur rappelât un devoir compris, bien que négligé. Lorsque cette confiance était repoussée, lorsque la famille se refusait à partager une responsabilité dont elle avait espéré se décharger complétement, le P. Captier, d'ordinaire, n'hésitait pas à rendre aux parents, sans attendre une faute grave, des enfants sur lesquels il ne se sentait plus une autorité suffisante.

Dans l'organisation intérieure et l'administration de l'école, le P. Captier, tout en s'inspirant des traditions d'Oullins, avait pu réaliser du premier jet un plan d'ensemble plus homogène. N'ayant aucun précédent à changer, il avait imprimé à tout le caractère de son active personnalité, mais en même temps il avait voulu associer plus largement à sa sollicitude ses collaborateurs religieux et séculiers. C'est le péril et le lourd fardeau des fondateurs que, dans les commencements, rien ne se fait et ne se peut faire que par eux. Il y a pour cela une sorte de nécessité qui s'impose et qui tendrait à se perpétuer, s'il se rencontrait un supérieur avide du pouvoir et des subordonnés indolents. Mais le P. Captier, avec son sens pratique et son respect de l'initiative d'autrui, comprenait trop bien que, si le talent et l'énergie d'un homme suffisent à fonder une œuvre, elle ne peut se soutenir que par l'union intelligente et volontaire de tous les dévouements. Aussi cherchait-il visiblement à dérober, toutes les fois que cela se pouvait, son rôle personnel derrière les institutions traditionnelles et les résolutions communes, tenant compte des contradictions autorisées, cédant aux observations opportunes, recherchant la lumière et provoquant la discussion.

Le corps professoral se compose à Arcueil, non-seulement de religieux et d'ecclésiastiques séculiers, mais aussi de laïques, dont plusieurs logés dans l'école y vivent de la vie commune, tout en conservant la liberté compatible avec la règle scolaire. Ce mélange d'éléments différents, contraire aux usages de la plupart des établissements religieux est un legs, pieusement conservé, du P. Lacordaire qui avait ainsi voulu faire trouver dans le Tiers-Ordre aux hommes d'enseignement que leurs goûts éloignent de l'Université un asile propice au travail et à la méditation.

Les premiers aides du P. Captier furent surtout

des jeunes gens attirés par le désir de faire, dans des conditions plus faciles que celles d'un grand établissement, leurs premières armes comme professeurs. Ils rencontraient en effet à Arcueil un milieu sympathique, des élèves généralement plus dociles, des collègues affectueux et un directeur bienveillant, disposés à les aider dans l'apprentissage de leur carrière. Il s'établit entre les maîtres des conférences variées, où les plus anciens faisaient profiter leurs jeunes collègues des fruits de leur expérience et de leurs études, et qui, malgré les vicissitudes et les interruptions causées par la fatigue ou l'inconstance, entretinrent chez tous l'émulation des occupations sérieuses et des pensées élevées. Pendant les périodes où il était moins absorbé par le travail quotidien, le P. Captier se fit le centre actif de ces réunions, en y traitant avec suite des sujets philosophiques, littéraires ou pédagogiques. Il cherchait en cela à corriger de son mieux les inconvénients qui résultent pour l'enseignement libre de l'absence d'école normale.

En venant fonder Arcueil, le P. Captier avait senti grandir en lui sa mission d'éducateur, et il eut dès lors comme un pressentiment qu'une part l'influence et d'initiative lui serait donnée dans la préparation des réformes et des améliorations touchant à l'enseignement. L'occasion de communiquer ses idées et de discuter en commun ces questions intéressantes lui fut fournie par la fondation de la *Société générale d'éducation et d'enseignement.* Les premiers promoteurs de cette association, presque tous étrangers à la profession enseignante, s'étaient réunis dans une pensée commune de défense chrétienne et de lutte. L'avenir de la jeunesse studieuse était alors menacé par les tendances matérialistes de certaines chaires de l'enseignement public. N'y avait-il pas aussi une provocation à relever dans les programmes que faisait circuler cette *ligue de l'enseignement* inspirée par la passion antireligieuse, et dans la direction que ses fauteurs prétendaient imprimer à l'institution récente des cours et conférences d'adultes?

Ces dangers sociaux dénoncés par les évêques, joints à l'expérience des difficultés qu'une loi d'exception permettait d'opposer au développement des œuvres religieuses créées pour les combattre, émurent à juste titre les catholiques dévoués aux intérêts de la jeunesse et de la religion. Ils comprirent que, pour défendre ces deux saintes causes, il ne suffisait pas de flétrir ces attaques et d'en poursuivre la répression, mais que le temps était venu de travailler à établir un état de choses qui consacrerait la liberté du bien, remède le plus efficace à la licence du mal. On commençait à perdre l'habitude de tout demander au gouvernement et de tout en attendre. L'opinion publique reprenait son indépendance, la parole honnête son crédit, et les efforts privés apprenaient enfin à s'associer pour réclamer le progrès légitime de nos institutions tant de fois promis et si longtemps retardé. Dans ce travail de revendication honnête, qui s'accentua pendant les dernières années de l'empire, la Société d'éducation eut sa tâche modestement et sérieusement remplie : soutenir et développer l'enseignement libre et chrétien, tel était son but. On devait dans son sein étudier les questions juridiques concernant la fondation et l'existence légale des établissements d'éducation, discuter les méthodes et les livres, provoquer les réformes tant dans la législation que dans les coutumes, aider enfin tous les efforts isolés par le conseil, l'appui moral, et, quand ce serait possible, par les ressources pécuniaires de la Société. D'ailleurs l'esprit le plus large et le plus tolérant inspirait les fondateurs, catholiques zélés, qui ne crurent pas toutefois devoir repousser le concours d'aucune opinion chrétienne pour lutter contre l'ennemi commun, la libre pensée irréligieuse. Pour réaliser pratiquement leur généreuse conception, ils s'adressèrent naturellement aux chefs d'institutions de Paris. Le P. Captier reçut un des premiers la communication de leur dessein, auquel il adhéra avec empressement. Il se chargea même, sur la demande de ces messieurs, de rédiger un premier projet de statuts et un programme de questions à traiter.

La première et la plus importante était ainsi conçue : « Démontrer la nécessité de l'enseignement supérieur libre, si l'on veut ranimer l'enseignement supérieur officiel, élever et féconder l'enseignement secondaire, préparer un large enseignement populaire (1). »

La Société d'éducation eut en effet l'honneur de

---

(1) Voici la suite de ces questions.

2º Description méthodique des maisons existantes : Passy, Chaptal, Turgot, etc., etc. Faire sur les institutions un travail analogue à celui de M. Le Play sur les familles ouvrières.

3º Psychologie de l'éducation. Etudes sur l'organisation de la famille.

4º Les chefs d'industrie, leur part dans la réforme de l'instruction populaire.

5º Examen approfondi du livre *l'Ecole* de Jules Simon. On dégagerait tout ce qu'il y a de bon dans ce livre pour en réfuter plus fortement les erreurs.

6º Le premier enseignement scientifique du jeune âge.

mûrir ce germe à peine éclos dans l'opinion et de faire passer ces vagues réclamations à l'état de revendication nettement formulée. Le nom du P. Captier reste ineffaçablement attaché à ces débats, autant pour la part qu'il devait prendre aux travaux de la commission de 1870 dont nous parlerons plus loin, que pour les discours prononcés sur ce sujet à Arcueil et dans le sein de la Société.

Vers la même époque s'organisaient les associations dites philotechniques, dans le but de propager et de soutenir l'enseignement populaire. Le P. Captier accepta de faire partie du comité de l'arrondissement de Sceaux; et, à son instigation, l'école Albert-le-Grand prêta à la commune d'Arcueil pour les cours d'adultes le concours de ses professeurs. Religieux et laïques rivalisèrent de zèle pour montrer à leurs auditeurs quel dévouement sait inspirer la pensée religieuse. Cette œuvre de salut national attirait tout spécialement le P. Captier, qui la secondait de toutes ses forces et se réjouissait des espérances qu'elle faisait concevoir. Il avait toujours porté aux souffrances du peuple le plus sincère et le plus compatissant intérêt. « Prêtre de Jésus-Christ, s'écriait-il à bon droit, j'aime ceux que mon Maître a aimés, c'est-à-dire les pauvres, et la vocation qui me retient au milieu des enfants riches m'impose parfois un douloureux sacrifice de mes goûts les plus chers. »

S'il restait néanmoins attaché à cette mission, c'est d'abord qu'il l'avait reçue de Dieu, et qu'il regardait comme étant de la plus haute importance l'obligation d'imprégner fortement de christianisme ceux que la fortune ou la naissance appellent plus souvent à tenir la tête de la société. Pénétré de ces nécessités, qu'il se proposait de développer quelque jour, il poursuivait son travail moins évangélique en apparence que celui de l'éducation du peuple, mais non moins laborieux et non moins utile. Pourtant il n'avait pas renoncé à satisfaire dans la mesure de ses loisirs et de ses ressources l'attrait qui le portait vers les classes pauvres et travailleuses.

Nous avons raconté la touchante coïncidence qui liait à la naissance du Tiers-Ordre l'établissement d'un orphelinat à Oullins. Entraîné par ce rapprochement, et conduit par sa sympathie pour les œuvres des confrères de Saint-Vincent de Paul et sa vénération pour les Filles de la Charité qui la dirigeaient, le P. Captier visitait souvent cette maison. Aux heures inévitables d'accablement et de lassitude, s'il pouvait dérober quelques instants aux devoirs de sa charge, c'était là qu'il venait de préférence retremper son courage au spectacle des merveilles cachées de dévouement. Il prenait au milieu de ces enfants ses récréations les plus chères et s'était laissé établir comme le pasteur extraordinaire du petit troupeau. C'est à lui qu'on faisait appel dans les circonstances graves pour ramener au devoir les grands coupables, ou pour récompenser des mérites exceptionnels. Désirée par ceux-ci et redoutée par les autres, sa présence était néanmoins bien venue de tous, parce qu'elle apportait, avec la correction, la paix et le pardon de Dieu. Il s'intéressait à leurs jeux, comme à leur travail, et leur ménageait de petites fêtes dont son aimable condescendance et sa bonté faisaient le plus grand charme. Mais surtout il prenait soin de leur foi et de leur piété, ne craignant point de s'imposer, au milieu même de ses plus rudes travaux, la charge de les préparer à la première communion. Prieur d'Arcueil, le P. Captier ne montra pas moins de sollicitude pour encourager et aider les œuvres d'éducation charitables qui étaient à sa portée. Outre l'instinct qui le portait à ce ministère, il croyait servir les intérêts mêmes des enfants qui lui étaient confiés et attirer sur eux les bénédictions divines, en honorant sous leurs yeux la pauvreté et le travail.

Ces divers travaux et les soucis d'une administration grandissante n'absorbaient ni tout le temps, ni toutes les pensées du P. Captier. Il savait toujours réserver de longs moments à la partie intime de l'éducation, qui avait commencé son succès à Oullins. Quelles que fussent ses autres occupations et bien qu'il eût désormais pour le seconder dans ce ministère un plus grand nombre de religieux revêtus du sacerdoce, il n'abandonna jamais ce travail de la formation individuelle qui lui paraissait indispensable pour aider et achever l'action commune. A Arcueil il trouvait des natures aisément confiantes et naturellement portées à s'ouvrir non seulement au prêtre, mais à l'homme qui voulait bien se faire leur confident. Mais ces qualités superficielles qui rendaient la tâche plus facile à aborder recouvraient de plus grands besoins. Une légèreté native, souvent accrue par la première éducation, une extrême frivolité des goûts développée par le milieu de la vie parisienne, un abus précoce et une mauvaise direction de la sensibilité; telles sont les difficultés que rencontre fréquemment l'éducateur dans le laborieux enfantement des jeunes âmes à la vie sérieuse et chrétienne. Le Père avait analysé ces caractères de l'enfance moderne et pénétré les faiblesses qui dérivent de l'excellence même de la famille. « Cette institution des premiers âges faite pour l'état d'innocence, nouée dans l'amour, épanouie dans les joies de la maternité, tombe du côté du cœur, où elle est penchée. Vous le savez, une mère s'immole sans cesse, rien ne lui coûte, rien n'est au-dessus de ses forces, tant qu'elle espère épargner à ses enfants quelque douloureuse épreuve. Un père également se plaît à porter seul le poids du jour en travaillant pour les siens. Ainsi protégé avec excès par un dévouement anxieux, mal initié à l'effort personnel, l'enfant manque de cette énergie, de cette égalité, de cette modération qui font la moitié du bonheur. Sa débile volonté, minée par une fiévreuse consomption, tend à ne plus agir que par soubresauts et caprices. Son pauvre cœur, qui ignore la vertu du sacrifice, connaît toutes les jalousies, toutes les maladives exigences de la sensibilité, avant de soupçonner que l'oubli de soi est la mesure de l'amour. Les émotions soudaines, les plaisirs faciles, les mignardes afféteries d'une tendresse débordante, voilà le mal idéal dans lequel languit son adolescence. Encore un peu de temps, et ces nuages dorés, fondus aux ardeurs de la jeunesse, céderont la place à un sensualisme sans âme, ou au vertige des plus compromettants plaisirs, ou au marasme d'un cœur découragé (1). »

Mais il connaissait aussi le remède qui convient à ces faiblesses, et il le portait en lui. Pour vaincre chez l'enfant la vanité, l'exigence, l'indocilité, fruits d'une affection excessive et mal reçue, « il faut, ajoutait-il, non-seulement faire comprendre à l'enfant l'affection que l'on a pour lui, mais encore la générosité et la force de cette affection. Il faut le dominer; il faut du prestige devant lui... le prestige d'une grande âme, qui soit assez transparente pour être aisément devinée (2). »

Dans cette sublime vocation dont la dignité accablerait l'éducateur sans l'assistance surnaturelle en laquelle il a foi, la douleur de l'impuissance, le sentiment de la faiblesse deviennent les auxiliaires du religieux entièrement dévoué, car ils ont pour premier effet de le rendre bienveillant, « et la bienveillance est une clef qui ouvre presque tous les cœurs, la bienveillance aide d'abord à connaître l'enfant; nul en effet ne découvre la vertu secrète d'une âme s'il n'a su auparavant la supposer. Chaque âme a un trésor enfoui, que rarement le hasard suffit à mettre au jour; pour découvrir ce trésor, il

---

(1) *Discours et conférences*, p. 122.
(2) *Ibidem*, p. 170.

faut creuser en elle avec un effort persévérant, et cet effort n'est possible qu'à ceux qui savent deviner et espérer par bienveillance. Malheur au maître qui ignore ce secret, il sera bientôt rebuté par l'absence de toute consolation. Vouloir corriger celui dont on ignore ou dont on méconnaît les vertus est une entreprise déraisonnable et sans fruit. L'âme des enfants est comme une citadelle imprenable par le dehors : il faut avoir des complices dans la place ; les bonnes qualités sont ces complices. Douce trahison, que celle qui donne à l'enfant la paix, la joie, la force de rendre heureux ceux-là mêmes qu'il a souvent affligés de ses fautes (1). »

Il s'était exercé de bonne heure à fouiller profondément les caractères, pour y découvrir le type divin voilé par le limon de notre origine terrestre ; et il se plaisait au sujet des natures les plus ingrates à révéler soit à ses collaborateurs, soit à l'enfant lui-même, des espérances de vertus toutes contraires aux impuissances du moment.

« Le religieux, chez nous, disait-il encore, doit être un artiste des âmes, qui ne se passionne guère que pour l'accroissement de la beauté intellectuelle et morale. Un enfant, encore enveloppé d'igno-

(1) *Discours et conférences*, p. 107.

rance, d'égoïsme et de paresse, doit le faire tressaillir comme ferait à un sculpteur le bloc de marbre d'où il espère faire sortir un chef-d'œuvre. Devant ce petit être ébauché, nous rêvons un idéal ravissant, et bientôt les lettres, les sciences, la parole, l'autorité, l'exemple, la force et la tendresse, tout nous deviendra un outil propre à tailler ou à polir le marbre immortel de l'esprit (1). »

(1) *Discours et conférences*, p. 170.

CHAPITRE XI

Voyage du P. Captier à Rome pour l'approbation des constitutions du Tiers-Ordre. — Ses impressions sur les monuments, « *les martyrs* ». — Rencontre et bénédiction de Pie IX. — Retour à Arcueil, établissement de l'école préparatoire. — Discours prononcé à la fête du B. Albert le Grand; opinion du P. Captier. — Ses conférences à la Société d'éducation. — Il est nommé membre de la commission pour la loi sur l'enseignement supérieur; quelle part il prend à ses travaux.

On n'aurait pas un tableau complet de l'activité du P. Captier si on laissait de côté sa préoccupation des intérêts généraux de son ordre et le concours qu'il apportait à leur gestion. A sa charge de prieur il unissait le rang de premier assistant et de membre du conseil provincial. Ce titre et sa qualité de fondateur l'appelaient à partager dans une certaine mesure avec le vicaire général du Tiers-Ordre les soucis et la sollicitude de la direction commune, et dans les absences de ce supérieur il était investi par intérim de la responsabilité générale. Aussi, en dehors des nécessités journalières, une question plus grave s'imposait à ses méditations, celle de l'examen minutieux de la situation du Tiers-Ordre qui devait être bientôt régularisée d'une manière définitive.

Le P. Lacordaire, qui pendant sa vie couvrait de la garantie de son nom et de l'autorité de sa position personnelle l'œuvre de ses derniers-nés, les avait laissés par sa mort dans une incertitude douloureuse, aussi bien sur les détails pratiques de leur direction que sur les conditions de leur existence canonique. Le lien qu'il constituait personnellement entre les Frères-Prêcheurs et les Tertiaires enseignants étant dénoué, ceux-ci avaient recouru à l'autorité du maître général de l'ordre de Saint-Dominique. Le révérendissime P. Jandel, en souvenir du P. Lacordaire, les avait accueillis avec une bonté toute paternelle et leur avait permis de se choisir dans leurs propres rangs un supérieur direct. Ainsi reformée, la petite escouade s'était maintenue à son poste de combat. Mais cet état de choses, ainsi que l'approbation temporaire des premières constitutions rédigées à Flavigny, n'étaient que provisoires. En même temps que le besoin d'autonomie du nouvel institut s'affirmait de plus en plus dans la pratique, son accroissement régulier exigeait la sécurité d'une situation définitive. Déterminer la nature des liens qui devaient souder complétement la nouvelle branche à l'ancien tronc, distinguer les juridictions et délimiter les ministères propres à chacun étaient autant de difficultés, qui, pour avoir été longtemps mûries, ne laissaient pas d'être délicates et embarrassantes à résoudre. Le chapitre général de l'Ordre convoqué à Rome, au mois de juin 1868, avait été saisi de ces questions, et les représentants du Tiers-Ordre y furent mandés pour fournir les explications utiles à leurs intérêts. Le P. Captier fut choisi avec le R. P. Mouton pour assister le R. P. Lécuyer dans cette démarche importante. Le caractère tout spécial de ces negociations ne s'accordait guère avec les goûts et le tempérament du prieur d'Arcueil. Sa fermeté un peu âpre dans la discussion, quoique toujours circonspecte et prudente, s'accommodait assez mal des habiletés et des temporisations indispensables dans cette sorte de débats. La lutte en face pour la vérité méconnue et trahie contre l'erreur pernicieuse convenait mieux à cette activité toute militante que ces plaidoiries intimes. Il sentait néanmoins toute l'importance des décisions proposées et la nécessité d'en discuter les termes;

et il mit à remplir cette mission le soin grave et recueilli qu'il apportait à tout ce qui touchait de près ou de loin à l'intérêt spirituel de son prochain. Moins versé que ses compagnons dans les connaissances de législation canonique et dans les traditions des assemblées religieuses, sa part fut la plus modeste dans ces négociations qui aboutirent heureusement. Mais, comme toujours, l'expérience de sa faiblesse et la défiance de ses propres efforts ne faisaient qu'accroître l'espoir invincible qu'il mettait en Dieu. « Les affaires qui m'appellent ici, écrivait-il de Rome, tourneront certainement à la gloire de Dieu... Je suis certain qu'elles tourneront aussi au bien du Tiers-Ordre; mais j'ignore par quels moyens. »

Dans l'intervalle des heures de réunions ou de travail, les mandataires du Tiers-Ordre employaient leur temps, sous la conduite du Père vicaire général, qui seul avait déjà visité la Ville éternelle, à en parcourir les monuments et les ruines. La durée de leur séjour devant être très-courte, il fallait se presser, voir rapidement et beaucoup à la fois. Aussi les souvenirs qui restèrent de ces excursions trop hâtées durent être assez confus. Le P. Captier parut, au retour, n'avoir pas éprouvé, sauf en un point qu'on verra plus tard, le ravissement enthousiaste qui est le complément presque inévitable d'un voyage en Italie ; et la précipitation de ce voyage n'en fut pas l'unique cause. Ce n'est pas qu'il fût inaccessible aux enchantements de cette terre privilégiée par les productions de la nature et du génie, ni qu'il eût été inattentif ou dédaigneux en face de ces merveilles et de ces chefs-d'œuvre. Il avait au contraire laissé voir en maintes occasions un sentiment très-délicat du beau et un goût très-pur, dans sa sévérité, pour ce qui touche aux arts plastiques. Mais la tendance naturelle de son esprit pratique et la direction habituelle qu'il avait imprimée à ses jugements l'empêchaient de s'intéresser au point de vue purement archéologique d'un ouvrage. Il ne pouvait se plaire et donner son entière admiration qu'à ce qui est vivant. L'expression d'une grande pensée n'arrivait à l'émouvoir qu'à la condition d'être en harmonie avec le milieu où elle apparaissait et le caractère des hommes qui s'en faisaient gloire. « Êtes-vous donc, écrit-il à un de ses enfants, êtes-vous donc comme ces Romains de nos jours, qui font de belle musique, de beaux tableaux, de belles églises à la gloire de nos martyrs, mais qui ne savent pas même défendre leur pays contre les brigands ? Ah ! soyez un vrai Français chrétien, un vrai chrétien français. »

C'est avec de tout autres impressions qu'il suit les traces des ancêtres de la foi, et qu'il vénère leurs reliques, ces archives vivantes du catholicisme, cette gloire impérissable de Rome chrétienne. Ces ossements vieillis, ces souterrains obscurs se raniment et s'éclairent pour la piété du religieux. Aussi il ne se lasse point de ces trop courtes visites faites à leur tombeau; celles-là, il ne les oubliera jamais. Car pour lui Rome n'est pas la ville des Césars, mais la ville des martyrs... « Ah! ces martyrs, s'écrie-t-il, ces martyrs qui nous ont fait ce que nous sommes, ces martyrs qui ont conquis notre liberté chrétienne, je les aime avec une extrême ardeur! Ma prière est bien courte : je leur dis à tous que je les envie, que je les prie de m'offrir à Notre-Seigneur Jésus-Christ pour le suivre partout où il voudra me conduire. »

Lui fut-il donné dans ces ardents colloques d'entrevoir la palme, objet de ses constants désirs, et Dieu permit-il à ses saints de lui découvrir la place qu'ils lui gardaient dans leurs rangs? Désir ou révélation, il s'abandonne à l'élan qui l'entraîne, pendant ces trop courts instants de loisir de Saint-Pierre au Colisée, des Catacombes au Panthéon. Dans un de ces pèlerinages, auprès de la basilique du grand Apôtre des nations, les Pères du Tiers-

Ordre se trouvèrent inopinément en présence de Pie IX, que deux d'entre eux voyaient pour la première fois. L'auguste pontife, reconnaissant des Français à leur costume, les fit approcher, s'enquit de leur état et du but de leur voyage, et ne les congédia qu'après avoir béni avec une effusion toute particulière les représentants de la jeune branche dominicaine et leur œuvre d'éducation.

Lorsque les questions qui avaient demandé la présence des Tertiaires furent résolues, ils quittèrent Rome, sans attendre la clôture du Chapitre général. Tous trois étaient pressés de regagner leur poste, surtout le P. Captier qui s'absentait rarement d'Arcueil. Il y rentra heureux de retrouver ses enfants et ses travaux, satisfait aussi des résultats essentiels de la démarche à laquelle il avait pris part.

L'existence canonique du Tiers-Ordre avait été déclarée et reconnue dans une assemblée qui représentait la plus haute autorité de l'ordre de Saint-Dominique. Désormais l'œuvre nouvelle était attachée irrévocablement à la grande famille dominicaine, avec la forme d'une congrégation distincte, ne relevant que du maître général de l'ordre. Ces dispositions n'étaient point d'une mince importance pour l'avenir religieux et le développement régulier de l'œuvre des Dominicains enseignants. Elles lui donnaient, en l'appuyant sur un grand ordre monastique, une vitalité propre, dont l'expérience pourrait bien un jour modifier les conditions, mais qui ne devait plus lui être contestée.

Rentré à Arcueil, le P. Captier se donna avec un redoublement d'ardeur aux soins de son petit gouvernement, qu'étendait chaque jour l'augmentation croissante des élèves. Depuis deux ou trois ans, Arcueil commençait à joindre à l'enseignement classique ordinaire la préparation aux écoles spéciales du gouvernement. Ce fut d'abord une exception consentie en faveur de quelques élèves ayant honoré la maison pendant le cours de leurs études, et particulièrement attachés à leurs maîtres, dont ils voulaient continuer à recevoir les leçons aussi longtemps que possible. Le succès de ces premiers candidats attira des demandes nouvelles, que l'intérêt moral des élèves et le service à rendre aux familles ne permettaient pas de repousser. La nécessité d'une école préparatoire s'imposait d'ailleurs au Tiers-Ordre, soit comme complément des études scientifiques, soit comme trait d'union entre l'enseignement secondaire et l'enseignement supérieur; et ce cours d'études, qu'on avait d'abord installé à Oullins, revenait plus naturellement à Arcueil, où la proximité de Paris offrait entre autres avantages le choix des professeurs et l'affluence des jeunes gens qui se préparent à ce genre d'examens. L'organisation de ces cours, lorsqu'on décida d'y admettre un plus grand nombre d'élèves, préoccupa vivement le P. Captier. Ce n'était pas seulement des maîtres et des livres nouveaux qu'on allait introduire dans l'école avec le nouvel enseignement, mais aussi un élément nouveau à gouverner : des jeunes gens de quinze à dix-neuf ans, qui ne sortaient pas du sein de la maison d'Arcueil, et qu'elle ne connaissait guère que par des renseignements toujours incomplets et souvent incertains. Il fallait donc une règle et un traitement différents de ceux qui s'appliquaient aux élèves ordinaires, pour lesquels d'ailleurs ils pouvaient même devenir un danger.

Dans un terrain contigu au parc de l'école (1), on fit élever une construction provisoire pouvant contenir les dortoirs et les salles d'études de cinquante élèves. Les autres locaux nécessaires pour les classes furent trouvés dans une habitation voisine acquise avec le terrain. Grâce à cet arrange-

(1) C'était l'ancienne propriété du mathématicien Cauchy.

ment, les deux divisions restaient complétement distinctes, séparées dans tous les exercices du corps comme de l'esprit, et pourtant soumises à la même direction et aux mêmes influences salutaires (1).

Ainsi complété, Arcueil, six ans après sa fondation, offrait aux familles l'ensemble d'une grande institution scolaire. Déjà une génération d'adolescents s'y était formée et l'avait quitté pour faire place à d'autres. C'était le commencement d'un passé et une prise de possession de l'avenir.

Ce qu'accusait de patiente énergie et de dévouement intelligent cette lente et progressive organisation, peut difficilement être apprécié et compris par ceux qui n'ont pas été initiés aux travaux de l'éducation.

Mais Dieu, qui sonde les cœurs et donne à nos actes un mérite indépendant de leurs résultats, avait résolu d'entourer de quelque éclat cette vie dépensée pour sa gloire, avant d'en récompenser les travaux; et de mettre un reflet de renommée terrestre sur cette tête qu'attendait l'auréole du martyre. Ne fallait-il pas parer la victime et la désigner au choix du bourreau !

(1) Les cours préparatoires d'Arcueil, interrompus par les événements de 1871, n'ont été rétablis jusqu'à ce jour que pour la partie concernant les examens de St Cyr et de l'école navale.

L'année qui précéda nos malheurs, la dernière que le P. Captier dut voir finir sur la terre, marqua pour lui et pour Arcueil une période de succès et de faveurs. La Providence se plut à faire paraître les facultés puissantes dont il avait orné son âme et à l'entourer d'illustres appréciations, d'encouragements sympathiques et de nobles amitiés, sans jamais permettre qu'il fût gravement atteint par les accidents inévitables de la publicité dans cette sorte de mise en vue de sa personne. Sa foi inébranlable et la parfaite soumission religieuse qu'il alliait à la plus haute indépendance de caractère et à la plus grande liberté de jugement lui permettaient d'affronter les passages dangereux, où d'autres moins humbles et moins soumis avaient laissé leurs dépouilles. Comme on voit un courageux sauveteur, assuré de la solidité des nœuds qui l'attachent au sol, se pencher sur l'abîme, l'interroger du regard pour y découvrir une victime et lui tendre la main; ainsi le P. Captier osait ouvrir l'oreille aux bruits du siècle, pour y démêler la voix de Dieu entre les vains tumultes de l'homme. En cela, comme pour le reste, il cherchait bien moins à satisfaire une légitime curiosité qu'à remplir sa mission de prêtre et d'éducateur. Ame méditative, il eût plus volontiers cherché dans la prière l'oubli de ces agitations, s'il n'eût pas cru devoir autre chose à sa vocation. Personne d'ailleurs n'apportait dans l'étude de ces questions brûlantes de la polémique religieuse ou profane une simplicité plus parfaite, une plus grande droiture d'intention ; personne surtout ne distinguait mieux et ne séparait plus soigneusement de l'alliage des opinions et des intérêts humains le point de vue de la foi, l'autorité de l'Église dont il mettait toujours les enseignements au-dessus de toute discussion et dont il eut le bonheur de prévenir parfois les décisions.

Le 15 novembre 1869, on célébrait pour la sixième fois à Arcueil la fête patronale du bienheureux Albert le Grand. La réunion, plus nombreuse encore que de coutume, était rehaussée et bénie par la présence de trois évêques présidant cette solennité paternelle. Au banquet du soir, le P. Captier prit la parole pour remercier les hôtes illustres dont l'approche du concile avait amené la rencontre, et saisissant cette occasion de s'expliquer sur ses sentiments religieux et patriotiques ainsi que sur une séparation douloureuse et encore récente, il le fit en ces termes dont tout le monde admira la mesure et l'accent pieux :

« Ah ! Messeigneurs et Messieurs, nous ne nous faisons pas d'illusion, nous voyons et les périls exceptionnels de notre ministère d'avant-garde et notre faiblesse devant ces périls. Nous vivons plus près du monde antichrétien, nos rangs touchent les rangs des ennemis de notre foi ; la jeunesse que nous élevons pour Jésus-Christ vit dans un milieu mélangé ; elle habite le bord des abîmes ; elle parle une langue, elle a des accents qui nous rappellent sans cesse le devoir de nous tenir sur nos gardes. Et cette jeunesse, nous devons l'aimer, la comprendre, la suivre partout, la préparer enfin à la mission si difficile que la Providence lui a réservée en vue de glorifier l'Église et de préserver la France du torrent de l'incrédulité.

« Ce ministère nous est confié, nous ne le discutons pas, nous l'acceptons avec tous ses périls, comme un poste d'honneur, et nous demandons à Dieu d'être notre armure.

« Pour nous fortifier dans nos commencements, le Ciel avait placé le berceau de notre œuvre sous la double protection de la sainteté et du génie. Mais le P. Lacordaire est mort avant d'avoir complété cette œuvre, et nous eussions péri dans ce premier deuil, si la grande famille dominicaine ne nous eût adoptés comme ses vrais enfants. D'illustres amitiés avaient promis alors de faire revivre le P. Lacordaire tout près de nous ; mais bien vain est l'homme qui s'appuie sur un roseau. La plus attachante de ces amitiés, celle qui prêtait à nos fêtes leur plus vif éclat, s'est brisée dans un mystérieux combat. Nous avons vu notre frère se hasarder près des rangs ennemis, n'y plus entendre la voix qui sauve, et s'y laisser envelopper.

« Nous pleurons sur lui comme sur un captif, nous pleurons sur les outrages dont on le poursuit, et, ne pouvant lui faire entendre notre voix suppliante, nous demandons à Jésus-Christ de lui envoyer l'humilité qui éclaire et l'ange qui délivre.

« Vous le voyez, Messeigneurs, nous nous tournons vers Rome et son pontife, comme vers notre unique appui et notre seule espérance. Oh! si ces quelques heures d'hospitalité à Arcueil laissent dans vos cœurs un bon souvenir, si vous aimez notre jeunesse française et les maîtres qui lui sont donnés, si vous voulez encourager notre chère école, pensez à nous à Rome, soyez nos témoins, et déposez aux pieds de Pie IX l'hommage de la filiale et tendre soumission des fils du P. Lacordaire. Dites au doux et saint pontife que les aînés de nos élèves sont mêlés à la petite armée fidèle qui partage avec l'armée française l'honneur de veiller sur la sûreté de Rome et du concile ; dites que nous-mêmes, placés au premier rang dans les luttes pour la liberté religieuse, nous marchons sans crainte, parce que nous nous confions de tout cœur à la parole infaillible du successeur de S. Pierre (1) ».

En dehors d'une occasion de ce genre, le P. Captier gardait plus volontiers le silence sur ces matières, voulant conserver sa liberté dans les opinions permises et la laisser aux autres, estimant d'ailleurs que son rôle n'était pas dans ces polémiques et que ses opinions personnelles ne pouvaient intéresser le public.

En matière politique, il avait le goût des libertés publiques ; il voulait que les intérêts de la nation fussent soumis à la discussion et au contrôle et croyait trouver ces garanties dans la pratique du

(1) Un peu plus tard le P. Captier formulait, à sa première conférence, une déclaration non moins significative : « Ici, comme dans le temple, comme partout, j'apporterai ma foi, mon cœur de prêtre, ma soumission fidèle à Dieu et à son Eglise. Le Dieu qui m'a placé en face de notre société agitée semble me commander d'oser parler, d'exprimer ma pensée avec la sincérité la plus grande. Je vous prierai de n'y jamais voir aucune hardiesse proprement dite ; ma parole, je l'incline devant la parole sainte, infaillible de l'Eglise et du souverain pontife. Je ne fais pas de distinction entre les temps et les lieux, je suis catholique purement et simplement, voilà tout. Et dès que je sentirai qu'il m'est défendu de faire un pas en avant, je m'arrêterai, quelque force qui me pousse, parce que je n'ai aucun droit en face d'une autorité sainte qui est établie par Dieu même.

régime parlementaire. C'était un sentiment qu'il avait reçu en héritage, tant de sa propre famille que du P. Lacordaire; sentiment développé en lui à l'heure de la jeunesse, au moment où s'y associait Pie IX. Mais cette manière de voir n'impliquait chez le P. Captier aucun lien politique, aucun engagement de parti, surtout, on l'a vu, aucun amoindrissement de l'obéissance religieuse. Il était incapable de se laisser entraîner dans ce qui aurait pu ressembler à une coterie; et son indépendance lui était trop chère pour qu'il la fît fléchir et la compromît, en l'engageant dans une autre solidarité que celle de la foi et de la vie religieuses.

Comme éducateur, le P. Captier avait une profonde estime de la liberté morale et regardait son exercice comme le point capital de l'éducation. Elle est pour lui « le don d'en haut, le trait divin de notre race, ce qui nous perd sans doute par le mauvais usage, mais aussi ce qui nous sauve, ce qui donne à nos actes leur valeur et leur mérite... Par elle nous luttons contre les secrètes rébellions de notre nature, nous domptons les basses convoitises des sens. Voilà le grand mystère moral, voilà la formation de l'honneur, et cette formation s'appelle l'exercice de la liberté.

« Aussi la liberté est ce qu'il importe surtout

d'éclairer, de sauvegarder et de rendre fort dans le jeune être qui va devenir un homme. Cet enfant ne doit pas être plié sous une aveugle contrainte; il doit au contraire apprendre à délibérer sa vie, il doit être exercé à discerner et à choisir entre le bien et le mal, entre un bien plus élevé et un bien de moindre valeur...... C'est ainsi qu'il convient d'exercer la liberté de l'enfant, non en touchant l'inviolable ressort de sa volonté, mais en produisant autour de lui cette lumière pratique qui lui montrera les dernières conséquences de ses actes (1). »

On peut juger par ces déclarations combien le P. Captier était ennemi d'une éducation servile. Aussi avait-il grand soin lui-même de respecter la liberté de l'enfant; et dans la direction intime qu'il donnait à ses élèves, il prenait garde qu'une influence trop humaine et trop despotique n'attentât à ce grand privilége de notre nature. Il s'étudiait à laisser à l'âme le mérite de son choix et de son consentement, tout en l'entourant d'une atmosphère de sagesse, de pureté, de dévouement, qui agissait sur elle à l'image de la grâce divine dont elle secondait l'action.

(1) *Discours et conférences*, p. 213.

« Cet esprit de liberté, disait-il encore, est si nécessaire que le collége même, malgré son arsenal de règlements, doit la respecter et la former. Nos règlements, notre forte discipline n'ont pas pour but de forcer les volontés, mais uniquement d'être le contre-poids des mauvaises passions, de donner une visible sanction à la loi morale, de redresser les inclinations, de créer des habitudes de tempérance, de travail, de support mutuel jusque dans la plus vive émulation. Le collége doit inspirer cet esprit de règle, sage, délibéré et voulu, qui est la condition de toute force morale, de toute dignité personnelle, et que le jeune homme devra porter avec lui dans le monde sous peine d'y rester un vieil enfant (1). »

Dans la vie pratique enfin, le P. Captier aimait la liberté et en usait volontiers pour le bien. Il fut un des premiers à se réjouir des tendances plus larges et plus généreuses dans lesquelles Napoléon III chercha, trop tard sans doute, à rajeunir son gouvernement ; et tout d'abord il profita de la tolérance accordée à la parole publique pour un dessein qu'il méditait depuis longtemps.

Les difficultés qu'il avait rencontrées et le travail intense de réflexion auquel il s'était livré pour les

---

(1) *Discours et conférences*, p. 217.

expliquer et les vaincre, lui avaient formé dans les choses de l'éducation une expérience toute personnelle. Il songeait, depuis trois ans, à en faire profiter ses successeurs, en réunissant ses propres observations et ses jugements avec ses souvenirs, pour en tirer une sorte de directoire de l'éducation, approprié aux besoins actuels et plus particulièrement à l'usage des écoles dominicaines. Ce travail avait aussi pour but d'intéresser les pères et les mères de famille aux devoirs dont il ne leur est jamais permis de s'exonérer entièrement. Voici, dans une lettre adressée au R. P. Lécuyer, le premier plan tracé à ce sujet. Bien qu'il n'ait pas eu son exécution dans la forme choisie en premier lieu, celle d'un livre que le P. Captier espérait écrire en mettant bout à bout ses rares instants de loisir, on n'y retrouve pas moins la première inspiration des conférences prononcées en 1870.

Le 24 octobre 1866, fête de S. Raphaël.

« Mon cher Père,

« Ce n'est pas tant au supérieur qu'au conseiller et à l'ami que j'adresse ces lignes. Je commence aujourd'hui ce traité d'éducation dont nous avons parlé. Je le fais en un jour d'abattement douloureux, et pourtant avec une consolation extrême ; mais, pour ne pas me sentir seul dans un travail de ce genre, je voudrais nouer avec vous une correspondance à part, dans laquelle, laissant nos affaires accoutumées, nous ne parlerions que des questions qui se rattachent à mon étude. J'ai eu un malheur jusqu'à ce jour, c'est d'être entièrement laissé à moi-même quant à la vie intellectuelle. Or ma nature souffreteuse n'a de l'énergie et de la constance que là où elle rencontre quelque excitation, quelque provocation à agir ; à défaut de cette excitation, je me replie sur moi-même et j'éprouve une vraie paralysie de mes facultés.

« Si je pouvais me faire une vie de solitude, je trouverais cette excitation dans l'oraison même : je penserais et j'écrirais beaucoup. Mais dans l'état des choses tout m'excite à l'action extérieure et me détourne par là même de l'étude. Si j'ai l'obligation morale de parler de mon travail et d'en rendre compte, ce travail avancera ; si je le fais tout seul, je serai incapable de le terminer. Il me semble que l'échange d'idées et l'appui que je vous demande seront pour moi le point de départ d'une vie nouvelle. Ma nature est un *composé de germes,* et dès que je trouve une excitation nouvelle, des énergies cachées se développent. Sous ce rapport je suis comme à seize ans.

« Voici un aperçu du cadre que je viens de tracer :

« Dans une introduction je définirai l'éducation et je démontrerai pourquoi dans les classes supérieures de la société elle doit être soignée plus encore que dans les classes populaires. Je restreindrai dès lors mon sujet à l'éducation destinée aux enfants des classes élevées.

« Mon traité sera divisé en six livres ou parties.

« 1er *Livre*. J'y montrerai la place du collége dans la société, ses rapports avec la famille, avec l'Église, avec l'État. J'énoncerai les principes de la liberté religieuse, etc.

« 2e *Livre*. J'étudierai la nature de l'enfant, ses facultés, ses passions, ses besoins, etc.

« 3e *Livre*. Il sera sur les maîtres : la préparation intellectuelle et morale du professorat. Un petit directoire pour chacune des fonctions.

« 4e *Livre*. Des matières de l'enseignement et sa méthode.

« 5e *Livre*. De la direction morale ; de la discipline.

« 6e *Livre*. De la direction de conscience dans les hautes classes ; des relations avec les anciens élèves, etc. »

Cette lettre, curieuse par le jugement que le

P. Captier porte sur son propre talent, n'eut pas la continuation qu'elle annonçait. Pourtant il avait mûri son sujet par la méditation plus que par le travail de l'érudition et de la mémoire, lorsque, renonçant à écrire un livre, il résolut de le composer par le procédé de l'enseignement oral, plus approprié à ses ressources intellectuelles. Il devait trouver en effet dans la contrainte d'une heure déterminée et dans la présence d'un public réuni tout exprès la provocation dont il avait besoin.

La *Société d'éducation* ayant organisé pendant l'hiver de 1870 des cours publics dans les salles du *Cercle catholique*, le P. Captier fut invité à choisir un jour pour y donner ses conférences sur l'éducation. Soutenu par le patronage de ces deux institutions bienveillantes et encouragé par des voix amies, il commença le 28 février par une sorte d'introduction où il développe le vieil adage : *l'éducation est le plus sublime des arts.* Dans les entretiens suivants il aborde les démonstrations qui devaient former le premier livre de son ouvrage : les rapports de l'éducation avec la famille, l'Église et l'État.

Le succès obtenu fut discret et de bon aloi. « J'ai toujours, écrit-il, un très-petit, mais très-bon public. » Le sujet qu'il traitait aussi bien que les qualités de son discours sobre et contenu ne pouvait convenir qu'à des esprits déjà préparés. Il fallait aimer l'enfance et croire à son avenir chrétien pour s'intéresser à des aperçus un peu austères : et, pour suivre cette pensée concentrée en elle-même, il était besoin de l'attention intérieure qui suppose le goût des réflexions sérieuses. Cela ne ressemblait en rien aux improvisations littéraires dont une érudition facile fait tous les frais. L'observation intime, une sorte de contemplation méditative, étaient les sources d'où le P. Captier faisait jaillir son sujet. Dans une préparation patiente il recueillait, avec les résultats de sa propre expérience, ce qu'il rencontrait de plus saillant dans l'histoire et la psychologie générales. Puis il s'attachait uniquement à disposer dans un ordre convenable ces différents matériaux. S'il avait rencontré dans ses lectures quelque texte utile à sa cause, il l'écrivait, afin de le pouvoir citer, car la mémoire littérale lui faisait absolument défaut. Mais il s'en remettait à la chaleur du moment et à l'inspiration de la nécessité, pour ordonner le dessin de la phrase et lui faire trouver l'expression. Le premier était ordinairement clair, sinon toujours élégant, et la seconde ne manquait ni de précision ni de justesse. Dès le premier jour il acquit la certitude que la pensée, rendue avec plus ou moins de bonheur, ne serait du moins jamais trahie ni dénaturée par sa parole, ce qui est le premier point et le plus important dans le discours improvisé (1).

Dans le cours de ce travail le P. Captier apprit sa nomination de membre de la commission qui venait d'être instituée par le ministre de l'instruction publique, sous la vice-présidence de M. Guizot, pour préparer un projet de loi sur la liberté de l'enseignement supérieur (2). Cette distinction, qui le plaçait à côté d'hommes déjà illustres

---

(1) Ces conférences ayant été publiées, il serait hors de propos d'en prolonger la critique. Nous ferons seulement remarquer qu'il est impossible et qu'il serait injuste d'en juger la forme d'après des sténographies que le P. Captier n'avait pas encore revues et auxquelles on n'a pu ni voulu faire d'autres corrections que celles qui étaient indispensables pour rendre la lecture possible. Dans le projet du P. Captier ce premier travail n'était qu'une ébauche dont le cadre seul était fixé et dont les détails devaient être remaniés à loisir, avant la publication.

(2) Dans la séance du 22 décembre 1874, M. Laboulaye, a propos d'une citation des procès-verbaux de la commission de 1870, faite par M. Fournier, a rendu au P. Captier le témoignage suivant : « ... Je regrette que le bruit qui se faisait dans l'Assemblée ait empêché peut-être plusieurs de nos collègues d'entendre ce qu'on disait tout à l'heure, à savoir : que le défenseur des conférences, l'homme qui réclamait la liberté, qui était mon voisin dans cette commission, était un dominicain, lâchement assassiné par des scélérats dans les derniers jours de la commune. » (*Journal officiel*, du 23 décembre 1874.)

pour leurs talents et leurs services, était un hommage rendu à la noble attitude du prieur d'Arcueil et un signe des dispositions bienveillantes de l'opinion pour son œuvre. Une fois de plus, celui que couvrait la robe blanche de Saint-Dominique pouvait dire, avec l'illustre orateur de Notre-Dame, en prenant possession d'une tribune plus modeste : Je suis aussi une liberté. Fidèle à ses principes, il se montra dès l'abord respectueux des droits acquis autant que décidé à reconquérir les droits perdus, toujours modéré et inclinant à concilier les justes exigences des réclamants avec les susceptibilités légitimes de ceux qui défendaient les priviléges de l'Etat.

Il se joignit naturellement au groupe des membres catholiques qui se réunissaient en particulier pour étudier au point de vue religieux les questions proposées. Le concours et l'heureuse entente qui en résultaient lui causaient une vive satisfaction.

« Notre petit comité chez le duc de Broglie, écrit-il, a commencé avec une parfaite convenance et en des termes très-affectueux... » Et, après avoir apprécié le rôle de chacun : « Et moi, ajoute-t-il, j'apporte mon petit bagage de praticien de l'enseignement. » Ce bagage et l'usage qu'il en faisait furent très-goûtés, non-seulement dans la petite réunion catholique, mais par tous ceux des membres de la commission que ne passionnaient pas les préjugés antireligieux. Dédaigneux des représailles, le prieur d'Albert-le-Grand suivit dans ces questions la ligne la plus impartiale. S'il combattait le monopole de l'État, il voulait que la concurrence honnête pût s'établir largement sous la garantie des lois et le contrôle de l'opinion. Ne réclamant pour les ordres religieux aucun privilège, il s'efforça dès le commencement de faire admettre le principe de la reconnaissance des corporations enseignantes, soit laïques, soit ecclésiastiques, comme personnes civiles, afin de les rendre aptes à exercer les droits de propriété indispensables à la conservation comme à la formation des grands établissements scolaires. Enfin, sur la question qui divisait le plus la commission, la collation des grades, le P. Captier, sans dénier à l'Université la légitime possession du droit de les conférer, demandait pour les futures universités libres le partage de ce droit, lorsqu'elles auraient satisfait à certaines conditions fixées par la loi et rigoureusement maintenues. Mais il croyait nécessaire, comme conséquence de cette mesure, de ne plus reconnaître aux grades qu'une valeur honorifique et de supprimer leurs effets professionnels en les remplaçant par des examens spéciaux subis à l'entrée des carrières libérales : système fort sage, qui ne put cependant prévaloir, malgré l'appui de plusieurs bons esprits.

La commission se sépara le 2 juin, après avoir rédigé un projet de loi, négligé bien longtemps pour des nécessités plus pressantes, mais qui a servi de base aux nouvelles études présentées à la chambre sur cette grave question.

La fin de l'année scolaire approchait et avec elle l'espoir d'un repos bien mérité, lorsque retentirent les premiers bruits de guerre, auxquels se mêlaient d'imprudents présages de triomphe. Ce fut presque sous l'écho lointain du canon que le P. Captier congédia ses enfants, qui ne devaient plus retrouver que sa tombe en revoyant Arcueil. Les adieux qu'il leur adressa en les rendant à leurs familles n'ont pas été conservés, rien n'en faisait pressentir la solennité suprême : lui-même à ce moment pouvait-il se douter que son heure se préparait et que sa tâche allait finir ? Deux mois paraissaient plus que suffisants pour une campagne qui se bornerait, croyait-on, à des combats de frontière, si toutefois on ne se portait pas au cœur de l'ennemi. Le succès de nos armes n'était pas mis en doute. La défaite semblait impossible, combien plus un désastre! Mais lorsque le désavantage des premiers engagements eut montré la possibilité menaçante d'une invasion progressive, il fallut bien prévoir la conséquence des revers.

L'immense responsabilité qui allait peser sur lui, l'isolement, les périls de tout genre qui pouvaient atteindre les personnes et les intérêts dont il avait la charge, toutes ces considérations accablantes se présentèrent avec netteté et précision à la pensée du P. Captier.

Dès ce moment, par des lettres adressées à son frère et à son supérieur, il exprime ses dernières volontés sur les choses dont il pouvait disposer encore. Mesurant, sans en connaître le dernier terme, le sacrifice qui lui était présenté, il l'accepta des mains de son divin Maître, sans hésitation et sans faiblesse. C'est sans doute dans l'ivresse de cet abandon sublime qu'il termine par une page vraiment prophétique une lettre pleine de foi et de tendre charité :

« Ces lignes pourraient être comme mon testament. Je ne puis savoir ce que je deviendrai dans la tourmente. J'offre à Dieu mon travail, mes angoisses et mon sang, tout ce qu'il voudra de moi. Je sais que nous pouvons plus par le sacrifice que par le travail, que le sacrifice est comme l'âme vivifiante du travail. Ce système-là n'est pas l'invention des hommes, mais l'invention d'un Dieu. J'y crois, j'y aime, et, s'il plaît à Dieu, j'y meurs.... »

CHAPITRE XII

La guerre et l'invasion. — Installation d'une ambulance à Arcueil. — Lettre au *Français*. — Le P. Captier s'établit à Paris, ses occupations, ses jugements sur la situation. — Retour à Arcueil; il y commence un mémoire sur le Tiers-Ordre. — L'armistice. — Le P. Captier apprend la mort de son père et de plusieurs de ses anciens élèves. — La Commune; réouverture de l'ambulance. — Le P. Captier écrit quatre lettres sur la vie religieuse. — Arrestation des religieux et du personnel d'Arcueil le 18 mai. — La prison au fort de Bicêtre. — La journée du 25 mai, le massacre. — Les corps des victimes sont ramenés à Arcueil.

La défaite de Sedan, succédant aux illusions et aux nouvelles mensongères, devait porter à son comble la colère des Parisiens, réveillés subitement des folles espérances dont ils s'étaient bercés. Mais en même temps elle apportait au sentiment public une sorte de détente par la diversion politique que la chute de l'empereur allait imprimer à la direction du pays, par la satisfaction donnée à ce besoin d'accuser et de maudire, symptôme alarmant des infortunes nationales, triste dédommagement des vaincus. On avait enfin derrière soi quelqu'un à rendre responsable de tant d'affronts; et devant soi, comme une vision pleine de promesses, l'image d'un gouvernement improvisé, toujours si chère au peuple de Paris. Dans le double enivrement de sa douleur et de son espoir, la grande capitale sembla puiser une force singulière de résignation, de résistance et d'une généreuse abnégation. Après la perte en masse de notre principale armée, il devenait évident que l'invasion étrangère, au lieu de rester un fait passager et localisé à la frontière, comme on s'en était flatté, allait s'étendre et se rapprocher du centre du gouvernement. Paris verrait l'ennemi à ses portes, et devait se préparer à soutenir un siége : il n'y avait pas de milieu entre cette nécessité et celle d'une paix que les hommes de tous les partis, alors confondus dans un même sentiment patriotique, considéraient comme une honte inacceptable.

Quel serait le rôle d'Arcueil et de ses habitants? quel rôle leur convenait-il de prendre dans ces éventualités? Le P. Captier avait bien le droit de chercher à résoudre ces questions, qui embrassaient un champ plus vaste que celui de simples intérêts privés. Dès les premiers jours l'école Albert-le-Grand avait fait, dans ses ressources et dans son personnel, une large part aux besoins de la patrie et aux exigences de la guerre. Une abondante souscription avait été recueillie avant le départ parmi les élèves et les maîtres en faveur des blessés. Plus tard, quand l'espoir d'une rentrée immédiate ne fut plus permis, trois religieux s'engagèrent dans les ambulances de la Croix de Genève et suivirent les armées du Nord et de l'Est. Recueillant le fruit de ces exemples et mettant en pratique les enseignements reçus jadis, aucun des anciens élèves d'Oullins et d'Arcueil ne chercha à se dérober au devoir de la défense nationale. Plusieurs devancèrent l'appel ou rejetèrent noblement les priviléges qu'ils pouvaient invoquer. On devine la joie du P. Captier : « Vous faites bien, écrit-il à un de ses enfants (30 août), de ne pas vouloir de remplaçant en un temps pareil; il s'agit aujourd'hui d'un suprême dévouement ; la jeunesse catholique, en donnant l'exemple, sert la religion aussi bien que le pays... Au milieu de mes angoisses, j'ai cette joie de voir de toutes parts nos jeunes hommes sortis d'Oullins et d'Arcueil faire leur devoir vaillamment. »

Une telle récompense lui était bien due. Ne leur avait-il pas enseigné avec l'amour de la famille l'amour de la patrie? « Peu semblable aux mères qui se sont penchées sur nos berceaux, elle a son image dans cette incomparable mère des Machabées, qui ne parle à ses enfants que pour leur demander des sacrifices, et dont les lèvres ne sourient qu'aux fronts dignes de ces couronnes (1). » Et n'avait-il pas un jour poussé ce cri si douloureusement prophétique : « Ah ! messieurs, puisse notre France être à jamais préservée de l'oppression étrangère ! Mais, si un jour elle a besoin de défenseurs, regardez les premiers rangs ; vous y retrouverez sûrement cette jeunesse chrétienne dont le cœur a été réchauffé au contact de celui du prêtre. »

Pour lui-même, il se tenait prêt à tout : « Si l'on se bat sous nos murs, écrivait-il, nous formerons ici une ambulance des plus utiles. Nous recueillerons les blessés qui seront ensuite ramenés à Paris. Dans ce cas j'entendrai siffler les balles et les obus. J'y suis peu préparé humainement parlant, mais *omnia possum in eo qui me confortat.* »

Lorsque l'investissement de Paris fut devenu imminent, le P. Captier, prévoyant moins qu'un autre la durée du siége, mais comprenant la nécessité de réduire le personnel d'Arcueil, ne

---

(1) *Discours et conférences.*
(2) *Le collége chrétien.*

garda avec lui que ceux qui pouvaient se rendre le plus utiles et mieux supporter les fatigues et les privations.

La menace de démolition que faisaient planer sur les bâtiments du collège les nécessités de la défense ayant été écartée, on s'occupa activement de la création d'une ambulance rattachée par un comité local à la Société générale de secours aux blessés. Elle donna pendant deux mois et demi une hospitalité fraternelle à la huitième ambulance internationale qui s'était repliée sur Paris après la défaite (1).

Les deux compagnies se partagèrent les services établis dans le village d'Arcueil. Il y eut bientôt de quoi occuper tout le monde. Chirurgiens, infirmiers, dominicains, jésuites, pasteurs protestants se mirent à travailler ensemble sur un terrain où ils semblaient accoutumés à se rencontrer toujours.

Lorsque tout fut organisé et prévu, le P. Captier chercha sa place dans ce concert de dévouements ; elle ne lui apparut pas suffisamment désignée : « Quelles seront mes occupations pendant

(1) Un des aumôniers de cette ambulance était le R. P. Anatole de Bengy, jésuite, frappé lui aussi par les massacreurs de mai.

le siége? je prépare à la fois ma plume, mes livres et mes mains. » Mais ce dernier instrument, il le savait bien, ne pouvait pas rendre de grands services : tout son pauvre corps, si tourmenté dès l'enfance par la maladie, plus tard par la pénitence volontaire, était peu fait pour résister aux fatigues et aux émotions que l'âme dominait si généreusement. La plume et surtout la parole, expression toujours entraînante de son ardent courage, étaient plus propres à ranimer les forces et à entretenir la vie morale des âmes ; car il n'y avait pas moins à faire pour les garantir des malsaines influences déchaînées par la défaite et la révolution, que pour combattre les contagions de la maladie.

La modération relative de la population après le renversement de l'empire, l'union et le calme apparent qui présidaient à l'organisation de la défense et des services publics, n'empêchaient pas les esprits clairvoyants de concevoir des craintes sérieuses et trop bien justifiées pour le présent et pour l'avenir. Ces craintes chez le P. Captier, est-il besoin de le dire, n'avaient rien de commun avec les lâches tremblements des âmes égoïstes. Elles se traduisaient par un besoin croissant de répandre autour de lui les encouragements virils, les consolations chrétiennes, de faire germer partout le dévouement et l'esprit de sacrifice.

Dès le 5 septembre il adressait, au journal *le Français* les lignes suivantes, noble expression des sollicitudes d'un cœur vraiment sacerdotal et français :

LES DEVOIRS DU PRÊTRE.

Arcueil, le 5 septembre 1870.

Monsieur le rédacteur,

« Bientôt, sans doute, les voix toujours obéies de nos évêques traceront aux prêtres et aux fidèles la conduite à tenir en face de la révolution nouvelle. Mais l'anxiété publique est si vive que je crois devoir, à mes risques et périls, dire à la première heure ce que je pense personnellement de nos devoirs à nous, clergé français.

« Nous avons une part importante à prendre dans la défense nationale et dans la grande reconstitution sociale à laquelle nous condamnent nos désastres. Et remercions Dieu de ce que la puissance ennemie est une puissance anticatholique !

« Un mot résume les devoirs du prêtre aujourd'hui : il doit faire la guerre à toutes les faiblesses des âmes. Il doit préparer ce qu'on peut appeler l'armure spirituelle.

« D'abord, il nous faut combattre les défiances qui divisent ; il nous faut pratiquer et enseigner le pardon des injures et l'oubli du passé.

« Des hommes qui ont souvent méconnu nos institutions catholiques acceptent, non le pouvoir, mais le péril des fonctions suprêmes ; par là, ils se posent comme les défenseurs de nos foyers et de nos libertés ; nous leur devons, à ce titre, l'appui d'une loyale et courageuse bienveillance. Leurs actes nous diront ensuite si nous devons être définitivement avec eux, si les sacrifices qu'ils nous proposent sont de ceux que la conscience permet et que le cœur conseille. Espérons que leur courage deviendra pour eux une lumière et pour nous tous l'occasion de fonder une durable et patriotique union.

« Mais cette attitude bienveillante et forte vis-à-vis d'un gouvernement nouveau serait de nul fruit si elle ne trouvait son complément dans un concours ardent.

« Le prêtre s'adresse aux âmes ; il peut mieux que personne dissuader de toute défaillance, découvrir et confondre les secrètes résistances de l'égoïsme, enflammer d'ardeur quiconque hésite et attend un signal. Dépositaire de la doctrine du sacrifice, c'est à lui que revient l'honneur d'organiser la défense nationale, même autour du foyer domestique où sa voix est seule écoutée. Il a la mission de rappeler à la femme pieuse qu'elle doit être française autant que chrétienne : il lui appartient de transformer en civisme intrépide toutes les tendresses du cœur, tous les sentiments qui mal dirigés deviendraient une source d'amollissement. C'est là son honneur et son privilége, c'est à bien remplir ce devoir qu'il doit mettre sa fierté, quand il demande et exige la liberté de son ministère.

« Oui, le prêtre doit être l'ami de tous ceux qui combattent pour la France, le soutien et le guérisseur de tous ceux qui sont tentés d'égoïsme, la lumière, la consolation et la force de ceux qui meurent ou qui voient mourir les leurs.

« Qu'il accomplisse cette mission aujourd'hui, et la récompense sera prochaine. Les peuples n'ont pas le temps d'arriver à la foi par la science, qui est le privilége du petit nombre, mais ils y sont infailliblement portés par le spectacle du dévouement. Soyons donc les plus dévoués, si nous voulons être les mieux écoutés.

« Veuillez agréer, etc.

F. R. Captier. »

Pour donner lui-même l'exemple du nouvel apostolat dont il traçait si chaleureusement les devoirs, et sentant qu'il pourrait faire plus de bien aux vivants, défenseurs de Paris, qu'aux blessés, le P. Captier résolut de prendre un logement à Paris. Ses enfants et ses amis l'y rencontreraient plus aisément, et il serait plus à portée d'entendre leur appel et de deviner leurs besoins. Un des Pères d'Arcueil se joignit à lui pour le protéger et l'accompagner dans ses sorties. Car l'habit religieux était déjà devenu suspect. Tous deux vinrent habiter l'hôtel Belsunce, à côté du Cercle catholique où se retrouvaient encore quelquefois, dans les premiers mois du siége, les étudiants transformés en mobiles.

Le matin le Père célébrait la messe dans la chapelle des Carmes, si pleine des souvenirs du P. Lacordaire et de la fondation d'Arcueil. Souvent il était accompagné au pied de l'autel par quelqu'un de ses anciens élèves, empressé de l'assister comme servant. L'externat qui touche à l'église avait reçu un bon nombre de ses enfants d'Arcueil, dont les familles étaient restées à Paris; les plus grands avaient fait accepter leurs services dans la garde nationale ou les ambulances. Ils eurent bien vite appris la présence du Père à Paris et le chemin de sa chambre. Le Père les recevait, les encourageait, et cherchait à maintenir les âmes au-dessus des couches également dissolvantes du découragement et de la frivolité. Si quelqu'un d'eux était malade ou blessé, il l'allait trouver, à quelque poste qu'il fût retenu, quelque danger qu'il pût y avoir. Il savait le rattacher à la vie, et mieux encore, quand le moment en était venu, le résigner à la mort. Lorsque la charité ne le retenait pas, il faisait à Arcueil de fréquentes visites, parcourant à pied la plaine de Montrouge exposée aux projectiles égarés dans les engagements d'avant-poste qui se livraient fréquemment sur les coteaux voisins. Le danger n'était peut-être pas très-grand, mais il fallait surmonter une émotion pénible, que ses nerfs délicats et ébranlés rendaient plus sensible.

Rentré à Paris, il se réunissait le soir à quelques amis, catholiques dévoués, restés courageusement à leur poste de fatigue et d'exemple. Après les manœuvres de la journée, ils se délassaient en s'occupant « de ce qui pouvait advenir le lendemain ».

Une ou deux fois voulant compter lui-même les battements qui agitaient Paris, ce grand cœur de la France blessée, il suivit, revêtu d'habits laïques, la foule enfiévrée qui se pressait aux portes des clubs. Ce qu'il put y entendre était peu propre à rassurer un homme grave sur les périls inévitables de la situation intérieure, lorsque la cessation des hostilités obligerait la nation à s'en occuper. Sans les dissimuler aux autres ni à lui-même, il continuait à chercher de bonne foi et de grand cœur un point de ralliement pour les âmes, voulant se persuader que le mal n'était pas aussi grand, ou qu'on pouvait le conjurer : « Décidément, écrit-il au lendemain du scrutin qui avait donné au gouvernement de la défense nationale peut-être plus d'illusion que d'appui, décidément la révolution impie et socialiste ne peut, malgré les vingt années dernières qui lui donnent de la force, recruter dans Paris qu'un dixième de la partie virile de la population. Pourtant les clubs sont restés ouverts, on a pu y tout dire ; et cette parole a pu se répéter avec ses criminelles audaces, dans tous les journaux qui ont voulu s'improviser sans timbre ni cautionnement. C'est, je vous assure, un spectacle bien étonnant ! » Cependant il ne donnait pas une plus grande importance à cette soumission momentanée des passions révolutionnaires, qui se promettaient déjà une déplorable revanche sur la société. L'avenir prochain lui apparaissait plus dur encore que l'heure présente, mais sa foi semblait y lire les desseins de Dieu. « Nous ne pouvons pas nous promettre une grande tranquillité pendant les années qui vont suivre, mais je ne serais pas étonné si dans cette lutte quotidienne notre ordre se faisait son vrai tempérament...

« Il fallait en venir à ce point de souffrance pour déchirer tous les masques et rendre à la France une franche allure. Nous pourrons maintenant faire plus de bien que dans le passé, malgré les heures de persécution. »

Cette vie et cette joie de l'âme domptaient les souffrances du corps réveillées par les privations de tout genre qui commençaient à peser sur les assiégés ; elles se répandaient avec l'abandon de la charité sur ceux qui approchaient le P. Captier. Aussi était-il recherché dans plusieurs des réunions de jeunes prêtres où s'élaboraient des projets de publication et de travaux de propagande pour le moment de la délivrance. Prompt à reconnaître de son côté et à admirer les dons de Dieu, il se plaisait à voir jaillir des âmes cette séve toujours abondante de la grâce de Jésus-Christ : « Les grandes questions, écrit-il, s'étudient toujours dans un groupe choisi. On trouve dans tous les temps de jeunes prêtres dévoués à la vérité. La sainte Eucharistie transforme en or pur le calice vivant dans lequel elle a trouvé un abri pieux. »

Cette sérénité n'était pas le partage de la masse. Après avoir accepté avec enthousiasme l'idée de la délivrance de la capitale par les armées que devait entraîner sur ses pas le dictateur de Tours, l'opinion commençait à douter et à s'exaspérer. La prolongation d'un siége à la possibilité duquel on eût à peine ajouté foi quelques mois auparavant surexcitait les esprits, en attendant que les privations vinssent affaiblir les corps. Dans ces dispositions tout ce qui n'entretenait pas l'opinion de la lutte du moment soulevait peu d'écho. C'était l'heure de la souffrance et de la retraite. Le P. Captier crut devoir revenir se fixer à Arcueil, non pour présider aux soins des blessés parfaitement dirigés par les PP. Houlès et Cotrault, qui étaient restés dans l'école, mais pour donner à ces derniers, ainsi qu'à tous les membres du personnel, cette consolation et cette force qu'apporte forcément la présence d'un chef et d'un Père. « Je vais rentrer à Arcueil, disait-il, afin de faire de la joie en commun. » L'ocasion de cette joie était la fête du bienheureux Albert le Grand, patron de l'école. Quelle animation les années précédentes à pareil jour dans le parc à peine dépouillé et retentissant des jeux des élèves, quels chants solennels dans la chapelle, et le soir quelle cordialité intime et touchante à ce banquet où de tout jeunes gens à peine entrés dans le monde s'asseyaient à côté des vétérans de l'éducation et des plus vaillants protecteurs et amis de la jeunesse chrétienne!

Il y eut pourtant une fête à Arcueil le 15 novembre 1870. La veille étaient parvenues des nouvelles meilleures. Ce rayon de soleil légitimait bien un instant d'oubli du présent, et la rareté de l'occasion autorisait quelque prodigalité. On n'eut garde de supprimer le banquet. Une chasse aux moineaux, le gibier de ce temps, en fournit le luxe principal. Quant aux invités, il fallut se borner, car « s'il y en avait trop, raconte le P. Captier, le procureur pousserait des cris d'aigle, ce serait un nouveau Sedan. »

Ces plaisanteries enjouées sont les dernières que présente sa correspondance pendant le siége. Elle semble à peu près interrompue depuis la fin du mois de novembre jusqu'à l'armistice. Pendant cette dure période, sans être réduit aux dernières privations, la santé du P. Captier eut beaucoup à souffrir de l'insuffisance du régime, du froid, et des perturbations de tout genre que la guerre entraîne avec elle. En outre, l'isolement des assiégés était devenu de plus en plus complet et infranchissable. Rien ne parvenait de l'extérieur. On se lassait d'envoyer des lettres toujours sans réponse et dont la remise à destination était si peu assurée.

Retenu au coin de son feu par des névralgies terribles qui lui permettaient à peine de se mouvoir, le P. Captier occupa la dernière période du siége par un travail acharné. Outre celui que demandaient les intérêts directs de son école, il songeait aussi à donner à son Ordre une sorte d'histoire des péripéties rencontrées par les fondateurs et des difficultés surmontées en commun. Ce mémoire, qui rappelle par la similitude des inspirations l'immortel testament du P. Lacordaire, resta également inachevé. Il s'arrête un peu avant la mort du grand religieux.

La nouvelle de la capitulation et de l'armistice surprirent le P. Captier au milieu de ses occupations silencieuses. Son cœur de français se serrait en apprenant cette humiliation infligée à l'honneur national ; son âme de prêtre envisageait avec douleur tant de vies sacrifiées sans profit, tant de colères amassées, tant de foyers en deuil, tant de larmes et tant de ruines qui ne seraient pas même payées par la gloire.

Le rétablissement des communications fit bientôt affluer les nouvelles dont on était privé depuis si longtemps. Hélas ! ces correspondances tant désirées contenaient trop souvent de lugubres messages. Les anciens élèves d'Arcueil et d'Oullins avaient payé un large tribut à la moisson sanglante. Chez le P. Captier, l'âme du religieux et du maître qui avait applaudi à ces dévouements et qui en connaissait la récompense, s'était résignée aux sacrifices. Mais le cœur du Père ne pouvait rester insensible à ces deuils. Il en partageait la douleur avec les familles de ses enfants, comme il leur faisait partager les consolations et les assurances de sa foi.

Parmi ces jeunes victimes, il en est une que rendaient particulièrement chère au P. Captier des liens plus étroits et des mérites vraiment exceptionnels. Nous trahirions l'attente de plusieurs en négligeant de rappeler ici cette sympathique figure, de montrer le disciple à côté du maître, et de faire apprécier par les saveurs du fruit tombé de ses branches, l'arbre qui l'avait nourri de sa sève.

Francisque Baudrand, frère d'un religieux du Tiers-Ordre (1), appartenait à une de ces vieilles familles lyonnaises où se conservent et se transmettent fidèlement des trésors d'honneur, de piété,

(1) Le P. Baudrand, directeur de l'école centrale maritime d'Arcachon.

de dévouement. Il fit ses études à Oullins avec tout le succès que peut donner une belle intelligence, fécondée par un travail consciencieux. Plus remarquables encore furent ses progrès dans la vertu et les nobles exemples de caractère et d'énergie qu'il a laissés à ses successeurs. En sortant du collége, Francisque représentait à ses amis « cet idéal du jeune homme de vingt ans qui a gardé son innocence, et qui est à cet âge le plus aimable, le plus de tous les hommes » (1).

Entré dans la vie sous de tels auspices, il voulut mettre son cœur sous la sauvegarde de tous les sentiments que Dieu bénit, la piété religieuse, l'amour de la famille, l'amitié, l'amour des pauvres enfin, auxquels il consacrait non-seulement ses épargnes d'étudiant, mais encore le produit d'un travail supplémentaire dont le temps était pris sur ses nuits. La guerre arrive, et, malgré des goûts très-peu militaires, il le dit lui-même, Francisque n'hésite pas. Il s'arrache à sa famille, à ses travaux, à ses chers pauvres (2), pour accomplir ce qu'il juge être son devoir de chrétien autant que de Français.

---

(1) J.-J. Rousseau.
(2) Un de ceux qu'il secourait, marié et père de famille, vint lui off r de partir à sa place, jugeant plus utile que la sienne la   de son bienfaiteur.

Dieu le veut! s'est-il écrié, et pendant quelque temps ses lettres permettent de suivre ce soldat croisé, mêlant la prière à l'exercice des armes, au milieu du tumulte des camps, au pied de la colline de Notre-Dame de la Garde, ou devant les flots bleus de la Méditerranée. [Bientôt incorporé dans un régiment de marche, il est dirigé sur l'armée du Nord et prend part au combat de Morée, le 16 décembre 1870. Mais à peine en ligne, il est frappé et tombe.

Le lendemain, après vingt heures de souffrances et de prière, on trouve dans la neige le jeune caporal et on le porte dans une auberge du village, où il expire trois jours après, tandis que son frère le croyant légèrement blessé, se livre à des recherches sans succès. Pourtant cette agonie privée des derniers embrassements de la famille ne fut pas sans consolation. Le Dieu qu'il avait servi et à qui il offrait toutes les promesses de sa vie sitôt brisée, se plut à enivrer de bonheur les derniers instants du pauvre soldat. Quand il eut reçu pour la dernière fois l'Ami divin de son âme, Francisque, entré en quelque sorte dans la familiarité du Sauveur, se répandit en aspirations d'une sublime et touchante éloquence. Aucune parole n'osait s'élever à côté de cette parole toute palpitante d'amour. Venu pour exhorter, le prêtre sentit qu'il n'avait plus rien à dire et qu'il fallait laisser Dieu se répandre par la bouche du soldat expirant (1).

Sans doute de telles morts excitent l'admiration et l'envie plutôt que la plainte, mais ces sentiments n'excluent pas la douleur de la séparation.

Une épreuve plus intime et plus cruelle vint frapper le P. Captier, tandis qu'il s'efforçait de réparer pour Arcueil les suites toujours fâcheuses des calamités publiques. Son père, M. Captier, mourut presque subitement : la nouvelle de son mal et celle de sa mort arrivées en même temps ne permirent pas à ses fils de lui rendre les derniers devoirs. Si on se rappelle ce que le P. Captier pensait des affections de famille, ce qu'il en avait gardé dans le

---

(1) Ces détails biographiques sont tirés de l'éloge funèbre de Francisque Baudrand, prononcé par le T. R. P. Lécuyer le 11 avril 1872.

Outre Francisque Baudrand, voici les noms des élèves d'Oullins morts devant l'ennemi ou par suite de la guerre : Emile Matisse et Arthur Moniot, morts prisonniers en Allemagne; Hippolyte de Boisset, tué au combat d'Héricourt, aux côtés d'un de ses camarades dont il ne put que serrer la main en guise d'adieu; Isidore Mistral-Bernard, Henri de Vogüé, lieutenant au 28e de ligne, mort à la suite d'une blessure reçue à Sedan; Eugène Vitton, docteur Félix Blain, Georges Crozet de Lafaye et Philippe Seren.

L'École d'Arcueil eût aussi à inscrire à son nécrologe MM. Germain et de Gromard, tués à l'ennemi.

souvenir, et ce qu'il en exprimait dans ses discours, on comprendra la douleur que cette perte dut lui causer. « Il avait près de quatre-vingts ans, écrit-il, mais sa vie était encore si active que je ne croyais pas sa carrière encore terminée.... Elle a été longue, honorable et chrétienne : j'ajoute qu'elle a été privée de la récompense accordée à quelques-uns ; que sa vieillesse n'a jamais ressemblé à un repos, que sa famille tout entière consacrée à Dieu n'a pu lui donner aucune des joies que le monde envie ; le sacrifice seul a couronné cette vie de dévouement. Hélas ! ni l'un ni l'autre de ses fils n'était auprès de lui... J'ai grande confiance en la miséricorde divine, mais la nature frémit en moi jusqu'à des profondeurs inaccoutumées. Je suis comme l'arbre qui sent la hache trancher ses plus anciennes racines. »

Pourtant il ne s'arrêta pas et n'interrompit même pas la tâche commencée. Déjà quelques élèves étaient rentrés à l'école depuis la paix, les autres étaient convoqués pour Pâques, lorsque éclata la guerre civile. Placé entre le fort de Montrouge, le fort de Bicêtre et la redoute des Hautes-Bruyères, Arcueil se trouvait nécessairement enfermé dans les lignes de la commune de Paris. Au lieu d'abandonner leur maison, les Pères résolurent de continuer plutôt leurs fonctions d'ambulanciers ; ils relevèrent au fronton de leur collége le drapeau de la convention de Genève, et avec le secours des maîtres auxiliaires que la paix avait réunis autour d'eux, ils recommencèrent à parcourir les champs de bataille du sud de Paris pour recueillir les blessés et donner la sépulture aux morts. A l'intérieur de l'école, les pauvres soldats, réguliers ou fédérés, étaient soignés par la main charitable des sœurs de Sainte-Marthe.

Dans les premiers temps, ces efforts d'abnégation furent respectés par les défenseurs de la Commune. Les moins égarés d'entre eux se plaisaient à être soignés et accueillis par les dominicains d'Arcueil. Plusieurs perquisitions eurent lieu néanmoins, pendant lesquelles la maison fut fouillée de fond en comble, sans qu'on y trouvât autre chose que les insignes témoignages d'une charité que rien ne décourageait. On continua avec d'autant plus d'ardeur à relever les blessés sur le champ de bataille, et l'on attendit patiemment le triomphe de la justice et de la liberté. Nombre de bataillons de la garde nationale entrèrent ainsi en relations avec l'école. Plusieurs en conservèrent de la reconnaissance et quelque sympathie. D'autres, loin de se montrer bienveillants, semblaient pardonner à peine les actes de charité dont ils étaient l'objet.

Plus d'une fois les pauvres religieux durent essuyer des bordées de blasphèmes, ou bien écouter des forfanteries d'impiété, comme celles de ce sieur Sérisier, colonel de la 13° légion, qui se vantait « de ne croire ni à Dieu ni aux hommes, et d'avoir déjà été trois fois condamné à mort (1). » Il faut dire qu'on ne se troublait guère vis-à-vis de tels interlocuteurs. Chacun accomplissait paisiblement sa tâche habituelle.

Outre son mémoire sur la fondation et l'établissement du Tiers-Ordre, le P. Captier avait commencé pendant le premier siége une série de lettres sur la vie religieuse, et il tenait à les terminer avant la rentrée des élèves. La série devait se composer de cinq lettres; quatre ont été écrites en entier; la cinquième, à peine ébauchée, a été interrompue par un témoignage plus éloquent que toutes les exhortations.

« Mon genre de vie, écrit-il, est toujours le même, sauf que j'ai plus de recueillement et de temps, j'en profite pour faire quelques travaux et quelques études. On s'étonne que je puisse tra-

---

(1) Il avait en effet joué un rôle dans les mauvais jours du siége, et n'avait échappé à un juste châtiment que sur les instances de personnages considérables. (Voir l'enquête parlementaire qui se rapporte à ces événements.)

vailler, mais je trouverais bien plus extraordinaire de ne pas le faire. Parfois, quand il y a un choc des événements, je suis désarçonné pour un moment, mais cela ne dure pas. La situation présente, l'horrible plaie mise à nu, me trouble moins que ne le faisait la lente formation de l'abcès pendant les dernières années. J'avais quelques illusions sur nos forces militaires, mais je n'en avais pas sur notre état religieux et social. »

Il traçait ces lignes, les dernières peut-être sorties de sa plume, le jour de l'Ascension : c'était la fête autrefois choisie à Arcueil pour la première communion. Mais les fêtes, à cette lugubre époque, passaient inaperçues ou souillées de sang. Le matin, le P. Captier avait offert pour ses enfants l'auguste victime dont il ne devait plus renouveler sa mémoire à l'autel. Le soir, quand il se fut retiré dans sa cellule, et que, fidèle à l'habitude prise dès ses jeunes années, il offrit sa vie pour les siens à l'exemple du Sauveur, Dieu reçut et bénit cette hostie vivante, car le lendemain devait commencer son martyre, afin *qu'il accomplît dans sa chair ce qui manque aux souffrances du Christ, pour son corps qui est l'Église* (1).

---

(1) S. Paul aux Eph. IV, 9.

Le 17 mai (1), plusieurs événements eurent lieu qui émurent et inquiétèrent les insurgés. A l'avenue Rapp, c'est-à-dire dans l'enceinte de Paris et à six kilomètres au moins d'Arcueil, une capsulerie faisait explosion. Dans le val de la Bièvre, divers postes avaient été enlevés à la baïonnette et sans bruit. Enfin, à quelques pas de l'école, le château de M. le marquis de Laplace, transformé en caserne et occupé par les fédérés, avait été incendié. On voulut absolument que la communauté d'Arcueil fût pour quelque chose dans ces faits si dissemblables ; il n'en fallait pas davantage aux fédérés pour décider une arrestation.

Le vendredi 19 mai, entre quatre et cinq heures du soir, l'école d'Arcueil, renfermant vingt blessés recueillis la nuit précédente sur le champ de bataille, reçut la visite des citoyens Léo Meillet et Lucipia, délégués de la commune de Paris et revêtus de l'écharpe rouge; Thaller, Prussien, sous-gouverneur du fort de Bicêtre, et Sérisier, dont nous avons déjà parlé. Pendant que ces citoyens entraient victorieusement par la porte principale, les 101e et 120e bataillons cernaient la

(1) La fin de ce chapitre est la reproduction textuelle de la brochure intitulée : *Les martyrs d'Arcueil*, par le R. P. Lécuyer.

propriété en enfonçant les clôtures, et pénétraient par toutes les issues, laissant des sentinelles de distance en distance, avec la consigne de passer par les armes quiconque tenterait de sortir.

Sur l'ordre de Léo Meillet, le P. Captier dut comparaître. On lui présenta un mandat de la Commune, n'alléguant ni plainte ni motif légal, mais signifiant à tous les membres de la communauté, depuis le prieur jusqu'à la dernière des servantes de la cuisine, d'avoir à se mettre à la disposition des délégués. Une demi-heure fut accordée pour les préparatifs indispensables. Et comme on sonnait la cloche afin de réunir les personnes de la maison (1), Lucipia, prenant ce son de cloche pour un signal suspect, parlait déjà de fusiller l'enfant coupable d'un si grand crime. Cependant, un à un, les religieux, les professeurs auxiliaires, les sœurs, les domestiques et les sept ou huit élèves restés dans la maison s'étaient réunis autour du P. Captier. Lorsque fut donné le signal du départ, tous se mirent à genoux, les yeux pleins de larmes, et lui demandèrent sa bénédiction.

« Mes enfants, leur dit-il, vous voyez ce qui se

---

(1) Voir à la page 198 la liste de toutes les personnes arrêtées le 19 mai à l'école d'Arcueil.

passe; sans doute on vous interrogera : soyez francs et sincères, comme si vous parliez à vos parents. Rappelez-vous ce qu'ils vous ont recommandé en vous confiant à nous, et, quoi qu'il arrive, souvenez-vous que vous avez à devenir des hommes capables de vivre et de mourir en français et en chrétiens. Adieu : que la bénédiction du Père, du Fils, et du Saint-Esprit descende sur vous et y demeure toujours, toujours ! »

Alors s'organisa le voyage fatal. Les voitures de l'école ayant été mises en réquisition, on y entassa d'abord les religieuses et les femmes au service de la maison, en leur interdisant, sous peine d'être fusillées, toute parole, tout geste, tout signe d'adieu. Elles furent dirigées d'abord sur la Conciergerie, puis sur la prison de Saint-Lazare. L'arrivée des troupes de Versailles leur rendit la liberté dès le mardi suivant, avant que les malfaiteurs qui les gardaient au nom de la Commune eussent pu mettre à exécution les menaces odieuses dont elles furent l'objet pendant quatre jours. Les élèves devaient également être emmenés; mais, grâce au peu d'entente des chefs fédérés, on sursit à leur arrestation (1).

(1) Voici les noms des élèves qui se trouvaient alors à l'école : Jacques de la Perrière, François Robillard, Frédéric

Lorsqu'il ne resta plus que les Pères, les professeurs et les domestiques, on les fit descendre dans la première cour, où ils furent entourés par les hommes des 101ᵉ et 102ᵉ bataillons. La porte s'ouvrit, et le cortége se mit en route pour le fort de Bicêtre, situé à trois kilomètres de l'école. On traversa d'abord les rues d'Arcueil. La population regardait en silence, mais toute la sympathie était pour les prisonniers. « Quand ils sont passés devant notre porte, disait une pauvre femme, et que j'ai vu marcher au milieu des fusils le P. Captier et tous ces messieurs qui nous faisaient tant de bien, j'ai pensé que c'était Jésus Christ avec ses

Kiener, Georges Anchier, Louis Mothon, Gabriel Abadie, Georges Charaudeau, Firmin Boussard, Augustin Revel, Charles Revel, Adolphe Guis.

« J'ai bien reçu l'ordre de vous conduire à l'Hôtel de ville, leur dit le commandant Quesnot, mais les ordres de la Commune sont élastiques. » M. Jacques de la Perrière, l'aîné et le chef de ce troupeau abandonné, en prit aussitôt la conduite avec une intelligence et un dévouement au-dessus de tout éloge. Il obtint du commandant de se retirer avec ses condisciples dans un bâtiment séparé du collége désormais occupé par les fédérés, et d'y emporter quelques objets précieux qui furent ainsi sauvés du pillage. Dans les derniers jours, grâce au même commandant, les pauvres enfants purent s'échapper sans bruit et trouvèrent asile chez quelques personnes amies de l'école.

Le 25 mai seulement, la maison étant évacuée, ils purent y rentrer sous la protection des troupes de Versailles; ils y furent retrouvés par le P. Rousselin qui arriva le même soir.

disciples, s'en allant à Jérusalem pour y être crucifié. » A Gentilly, qu'on traversa ensuite, les sentiments n'étaient plus les mêmes, et les prisonniers durent subir toutes sortes de paroles outrageantes.

Il était sept heures du soir quand la colonne arriva au fort de Bicêtre. Les captifs furent enfermés d'abord dans une chambre étroite, où ils durent attendre, au milieu des insultes les plus grossières, leur tour de comparaître devant le gouverneur du fort pour les formalités de l'écrou. Elles durèrent longtemps, à cause du nombre. Chacun subissait un semblant d'interrogatoire, où il n'était question d'aucun crime, délit ou chef d'accusation quelconque ; puis il était fouillé, dépouillé de tout ce qu'il portait sur lui (les bréviaires mêmes furent enlevés aux religieux), et conduit dans la casemate n° 10, qui regarde la porte du fort. Il était près de minuit quand on y déposa le P. Captier et les autres Pères. Groupe par groupe, leurs compagnons arrivèrent : vers deux heures du matin la porte se referma sur les derniers, elle ne devait plus s'ouvrir pour eux qu'au moment de marcher à la mort.

Cette première nuit fut extrêmement dure : la casemate renfermait à peine quelques restes de paille humide et hachée déjà par le séjour des soldats-citoyens, et chacun dut rechercher à tâtons une place libre sur le sol nu (1).

Le jour étant arrivé, on tâcha de rendre moins incommode ce lamentable réduit. A force de récla-

---

(1) Voici les noms des personnes arrêtées dans l'école Albert-le-Grand, à Arcueil le 19 mai 1871 : Les RR. PP. Captier, Bourard Delhorme, Cottrault, Chatagneret.

MM. Gauquelin, Voland, professeurs, Petit, employé.

MM. Gros, Marce, Cathala, Dintroz, Cheminal, serviteurs de l'Ecole.

Tous massacrés le 25 mai.

Le R. P. Rousselin, M. l'abbé Grancolas, MM. Bertrand, et Rézillot, professeurs.

MM. Gauvain, Delaitre, Duché, Brouho, Schepens, Bussi, employés et serviteurs de l'Ecole.

Ces deux derniers ont dû à leur qualité d'étrangers d'être séparés des autres prisonniers et de jouir dans le fort de Bicêtre d'une plus grande liberté, qui leur permit de s'échapper au moment où les fédérés, abandonnant le fort, emmenaient les autres captifs à Paris.

Delaitre fils, Lair Paul, âgés de 13 ans.

Barbedette Louis, mis en liberté immédiatement parce qu'il remplaçait l'instituteur d'Arcueil.

Ont été conduites à Saint-Lazare :

La Mère Aloysia Du Caux, supérieure des Sœurs de la Sainte-Famille, dites de Sainte-Marthe, avec les sœurs Elisabeth Poirier, Louise Marie Carriquiry, Louis de Gonzague Dorfin, Mélanie Gatineaud ; Mesdames Angèle Marce, épouse d'Antoine Marce nommé plus haut, massacré. Marguerite Cathala, épouse de Théodore Cathala, nommé plus haut, massacré. Clara Delaitre, épouse de Prosper Delaitre, nommé plus haut. Veuve Grégon.

Mesdemoiselles Gertrude Vaas, Catherine Morvon, Louise Cathala, âgée de 8 ans.

mations, on obtint quelques bottes de paille fraîche, et après quelques jours les bréviaires furent rendus aux religieux. Le P. Captier, ayant pu obtenir du papier et un crayon, entra en relations avec le gouverneur du fort. Il obtint ainsi la mise en liberté de deux enfants, Emile Delaitre et Paul Lair, incarcérés avec les autres serviteurs de l'école. Ce qu'il obtint plus difficilement, ce fut la faveur d'un sérieux interrogatoire ; car les vingt-cinq prisonniers ignoraient absolument la cause de leur arrestation. Quelque chose fut accordé cependant : le dimanche dans l'après midi, le P. Captier et le P. Cotrault furent amenés devant le citoyen Lucipia, qui, après une conversation assez longue, leur déclara qu'ils n'étaient ni accusés, ni prévenus, ni même prisonniers, mais seulement retenus en qualité de témoins. En cela il leur disait sans le savoir une parole prophétique, car Dieu les avait marqués pour rendre à son nom le témoignage suprême du sang versé.

On espérait que les interrogatoires continueraient je lendemain lundi, mais il n'en fut rien. Au contraire, à partir de ce moment les chefs du fort cessèrent leurs relations avec les prisonniers. Il est probable qu'en s'abstenant ainsi ils cédaient à la pression de leurs hommes, car pendant que les officiers conservaient vis-à-vis des Pères un semblant de politesse, leurs subordonnés renouvelaient à toute heure leurs outrages et cherchaient à les rendre de plus en plus grossiers. A chaque instant on voyait paraître aux fenêtres de la casemate des hommes avinés et des créatures infâmes : ils regardaient les prisonniers, puis leur jetaient à la face des épithètes impossibles à reproduire, ou bien lisaient avec affectation les articles les plus éhontés des journaux de la Commune. Un jour ils aperçurent le sous-gouverneur du fort, qui, la casquette à la main, réintégrait le P. Captier dans sa prison après une sorte d'interrogatoire. Cet acte de respect exaspéra les fédérés; il y eut comme une émeute devant la casemate; à partir de ce moment, les vivres destinés aux prisonniers furent pillés et supprimés en route, de telle sorte que pendant deux jours on leur refusa jusqu'à un verre d'eau.

Le mercredi 24, on fit une exécution dans la cour du fort, sous leurs yeux : il y eut à ce propos un redoublement de menaces et d'allusions cruelles. Ce jour-là, M. l'abbé Féron, aumônier de l'hospice de Bicêtre, vint trouver le gouverneur du fort et le supplia de lui confier à lui-même les membres de la communauté d'Arcueil, déclarant qu'il en répondait sur sa tête jusqu'à ce qu'ils pussent être jugés. Ce généreux effort devait être inutile ; d'ailleurs la commune avait déjà tout réglé : l'école était vouée au pillage et à l'incendie (1); quant aux personnes, elles appartenaient, disait-on, au général Wrobleski, ou, pour mieux dire, au citoyen Serisier et à ses hommes, qui en disposeraient à leur gré.

Quelles étaient, pendant cette longue semaine d'agonie, les pensées de nos prisonniers? Leurs compagnons de captivité nous racontent qu'une douce gaieté ne cessa de régner dans ce triste cachot. Excepté quelques serviteurs mariés et pères de famille dont l'attitude était plus sombre et l'air plus accablé, tous continuaient leur vie ordinaire, non par oubli ou par mépris de la mort, mais parce qu'ils avaient fait à Dieu, pour la France, le sacrifice de leur vie. Les religieux multipliaient leurs prières habituelles ; ils s'encourageaient l'un l'autre et exhortaient leurs compagnons. Chaque soir on

---

(1) Le pillage eut lieu en effet le 23 mai : une vingtaine de voitures furent mises en réquisition dans le village d'Arcueil et durent prendre le chemin de Bicêtre, chargées de tout le mobilier que l'on put trouver dans l'école ; quant à l'incendie, les ordres étaient donnés et les mesures étaient prises, mais l'armée de Versailles possédait déjà les forts les plus voisins, et il fallut abandonner ce sinistre projet.

disait le chapelet en commun, et l'on ajoutait aux formules ordinaires un souvenir pour les frères absents. Quelquefois le P. Captier, brisé par les privations et accablé d'inquiétudes, voilait sa tête dans un pan de son manteau. On se taisait alors autour de lui, par respect pour cette méditation silencieuse, et tous s'associaient du fond de leur cœur à la prière offerte à Dieu par un tel homme pour ses frères et pour ses enfants. D'autres fois, il se soulevait de sa couche de paille pour adresser à ceux dont il était le chef des paroles de vie et de salut. Du dehors les fédérés assistaient et insultaient à ces actes de religion. Un matin que l'horizon était en flammes du côté de Paris, le P. Captier disait son bréviaire en marchant à grands pas : « Oui, priez Dieu, lui cria-t-on d'une voix ironique à travers la fenêtre, afin que les torpilles dont la ville est remplie ne fassent pas explosion. — Je le fais, » répondit-il paisiblement et tristement; puis, ayant achevé son bréviaire, il demanda à ses compagnons de prier avec lui, et leur lut le chapitre du livre de l'*Imitation* où il est parlé du mépris des injures.

Le jeudi 25 mai, octave de l'Ascension, au point du jour, on remarqua dans le fort un mouvement extraordinaire; on enlevait et on enclouait les canons; les clairons sonnaient longuement le signal de l'assemblée. A un certain moment les prisonniers purent croire que tout le fort était évacué et qu'il leur suffisait, pour être sauvés, d'attendre patiemment l'arrivée des troupes de Versailles. Mais l'espérance ne fut pas de longue durée : une troupe armée se présenta tout émue à la porte de la casemate. Comme les clefs manquaient, on se fit jour à coups de crosse et l'on intima aux captifs l'ordre de partir immédiatement avec la colonne qui rentrait dans Paris : « Vous êtes libres, leur dit-on; seulement nous ne pouvons vous laisser entre les mains des versaillais; il faut nous suivre à la mairie des Gobelins, ensuite vous irez dans Paris où bon vous semblera. »

Le trajet fut long et pénible, des menaces de mort étaient proférées à tout instant : les femmes surtout se montraient furieuses et avides de voir mourir ces hommes couverts d'un vêtement sacré. On descendit vers la porte d'Ivry; sur le chemin, quelques coups de fusil tirés de Bicêtre occasionnèrent un certain trouble, dont le P. Rousselin profita pour s'échapper et retourner à Arcueil (1).

---

(1) Le P. Rousselin, qui avait laissé croître sa barbe pendant le siége, portait de plus, lors de l'arrestation, quelques

Les autres durent continuer leur route vers Paris. Arrivés à la mairie des Gobelins, au milieu des cris de mort de la foule affolée par le voisinage de l'armée régulière, ils parlent en vain de la liberté qu'on leur avait promise. « Les rues, dit-on, ne sont pas sûres ; vous seriez massacrés par le peuple, restez ici. » On les introduit et on les fait asseoir à terre dans la cour de la mairie, où pleuvent les obus, et où les fédérés apportent les cadavres de leurs victimes, afin de montrer à ces « canailles » de quelle manière la Commune traite ses ennemis. Au bout d'une demi-heure, un officier arrive et les mène à la prison disciplinaire du neuvième secteur, avenue d'Italie, n° 38. En y entrant, les captifs d'Arcueil reconnaissent le 101ᵉ bataillon et le citoyen Serisier, c'est-à-dire les mêmes hommes qui avaient opéré leur arrestation. Il est alors dix heures du matin. Vers deux heures et demie, un homme en chemise rouge ouvre brusquement la porte de la salle. « Soutanes, dit-il, levez-vous, on va vous mener à la barricade (1). »

---

vêtements laïques sous son habit religieux. Avec ces apparences insolites et beaucoup de sang-froid, il put passer inaperçu parmi les fédérés et rejoindre bientôt les troupes régulières.

(1) Voici, avec son orthographe, le texte de l'ordre laissé par cet homme au greffe de la prison disciplinaire : « Je

Les Pères sortent en effet avec M. l'abbé Grancolas et les autres, et sont conduits vers la barricade élevée devant la mairie des Gobelins. Là, on offre aux religieux des fusils pour combattre. « Nous sommes prêtres, disent-ils, et, de plus, nous sommes neutralisés par notre qualité d'ambulanciers : nous ne prendrons pas les armes. Tout ce que nous pouvons faire, c'est de soigner vos blessés et de relever vos morts. — Vous le promettez? demanda l'officier de la Commune. — Nous le promettons. » A cette parole, on reprend le chemin de la prison disciplinaire, avec une escorte de fédérés et de femmes armées de fusils.

Enfermés de nouveau et menacés de toutes parts, les prisonniers ne songent plus qu'à se préparer au passage suprême. Tous se mettent à genoux pour offrir une dernière fois le sacrifice de leur vie, tous se confessent et reçoivent l'absolution. Ils n'auront pas la dernière consolation du chrétien

---

soussigné, délègue comme gardien chef par le colonel Cerisier à la maison disciplinaire de la treiziéme légion prend sur moi responsabilité d'envoyer pour travailler aux barricades d'après les ordres que j'en ai reçus les vingt prisonniers écroués sous les numéros 98, 99, 100, 101, 102, 103, 104, 104, 105, 106, 107, 108, 109, 110, 111, 112, 113, 114, 115, 116.

Paris, le 25 mai 1871.
B^{on} IN.

mourant, celle de recevoir le divin viatique. Dieu n'a pas jugé que cette grâce leur soit nécessaire : d'ailleurs entre leur prison et le ciel le trajet sera si court!

A quatre heures et demie environ, nouvel ordre du citoyen Serisier. Tous les prisonniers sortent et défilent dans l'impasse qui précède la prison, pendant que les fédérés du 101e bataillon chargent leurs armes avec un bruit trop significatif. Déjà tout le monde est à son poste : des pelotons sont placés à toutes les issues des rues voisines. Sur l'avenue, dit-on, le colonel de la 13e légion est assis dans une voiture avec une femme à son côté : c'est ainsi qu'il préside aux hautes œuvres de la commune de Paris. Alors retentit le commandement : « Sortez un à un dans la rue! » Le Père Captier se retourne à demi vers ses compagnons : « Allons, dit-il, mes amis, pour le bon Dieu! »

Aussitôt le massacre commence. Le P. Cotrault sort le premier et tombe frappé mortellement. Le P. Captier est atteint d'une balle qui lui brise la jambe, et va tomber, transpercé d'une autre balle, à plus de cent mètres, vers le lieu où en 1848 les insurgés de juin fusillèrent le général Bréa. Le P. Bourard aussi, après avoir été atteint, peut faire quelques pas dans la même direction, puis il s'affaisse sous une seconde décharge (1). Les PP. Delhorme et Chatagneret tombent foudroyés. M. Gauquelin tombe avec eux. M. Voland et cinq domestiques (2), sortis de l'impasse à la suite des Pères, ont le temps de traverser l'avenue d'Italie, mais ils sont frappés à mort avant d'avoir trouvé un refuge.

Les autres prisonniers parviennent à s'échapper (3). M. l'abbé Grancolas, à peine touché par les balles, entre dans une maison où une femme lui jette les vêtements de son mari. M. Rézillot n'est atteint que d'une manière insignifiante. MM. Bertrand (Edouard), Gauvain, Delaitre, Brouho, Duché, parviennent à se mettre à l'abri dans les maisons ou les caves voisines, puis dans les rangs des soldats de l'ordre.

Cependant le massacre accompli ne suffit pas à

---

(1) Divers témoignages nous portent à croire que le P. Bourard survécut une heure environ, et que son agonie, souvent insultée, fut pourtant féconde en fruits de grâce et de conversion. On raconte que les malades d'une ambulance voisine vinrent le voir et furent édifiés par ses dernières paroles.
(2) Aimé Gros, Marce, Cheminat, Dintroz et Cathala.
(3) Pendant longtemps on n'a pu connaître d'une manière certaine le sort de M. Petit. Mais la suite des procès jugés par les conseils de guerre a démontré qu'après avoir échappé aux premiers coups de feu, il a dû partager, un peu plus tard, le sort de ses compagnons.

la fureur des assassins : on se précipite sur les cadavres, on les découvre pour les insulter d'une manière plus odieuse; à coups de baïonnette et de hache on brise les membres et les crânes ensanglantés. Les soldats du 113ᵉ régiment, qui entrent en vainqueurs après avoir franchi les barricades, reconnaissent ces morts glorieux; ils se penchent vers leurs cadavres, s'emparent des rosaires qui pendent à leur ceinture et se les partagent, grain à grain, comme de saintes reliques. Hélas! eux passés, les profanations recommencent, et pendant plus de quinze heures les cadavres des martyrs restent exposés à tous les outrages imaginables.

Le lendemain matin, un prêtre du quartier, M. l'abbé Guillemette, les trouva sur sa route, et comme ils étaient couverts d'un habit religieux, il s'informa des circonstances de l'assassinat. Aussitôt il fit recueillir ces saintes victimes, qui furent transportées toutes ensemble dans la maison des Frères de la rue du Moulin-des-Prés. Là, M. J. d'Arsac, professeur d'Arcueil, accompagné de M. Rézillot, de M. l'abbé Delarc, aumônier de l'hospice Cochin, et d'un jeune ambulancier, M. Barally, vint reconnaître les corps, les marquer chacun de leur nom et réclamer pour eux le respect dû aux martyrs des saintes causes. C'est à lui que nous devons les détails qui nous restent sur leur physionomie telle que le martyre l'avait faite. Le P. Captier portait deux traces de coups de feu : l'une énorme, à la jambe gauche; l'autre, plus petite, près du cœur. Ses yeux étaient encore ouverts, ses mains étendues, sa figure calme, bien que couverte de sang : on eût dit qu'il allait encore parler. Le P. Bourard avait les yeux fermés et la bouche ouverte. Lui aussi avait reçu deux coups de feu, l'un sous l'œil gauche, l'autre en pleine poitrine. Le P. Cotrault, frappé à la gorge et au sein droit, avait une figure paisible et rayonnante : on eût dit un ange endormi. Le P. Delhorme gardait une figure douce et calme, avec des yeux à peine entr'ouverts. Il portait près du cœur une plaie effrayante et sa robe blanche était couverte de sang. Le P. Chatagneret avait le crâne brisé et le corps couvert de blessures, ayant reçu plus de dix balles et subi spécialement, parce qu'il était le plus jeune, la fureur des assassins (1).

Cependant M. Durand, curé d'Arcueil, et M. Lavenant, maire, étaient avertis de la mort des Dominicains, leurs amis et leurs compagnons à

---

(1) *La Guerre civile et la Commune de Paris en* 1871, par J. d'Arsac. Paris, F. Corot, éditeur, 1871.

l'heure du danger. Ils vinrent ensemble demander les restes des suppliciés de la veille et les rapportèrent à Arcueil. On eût voulu les enterrer dans l'enceinte de l'école, où le P. Rousselin les attendait avec Jacques de La Perrière et les élèves demeurés fidèles à leur chère maison. Mais il eût fallu remplir de longues formalités, et les corps étaient tellement broyés qu'on n'avait pas même le temps de leur faire des cercueils.

L'humble char qui les renfermait, suivi d'une foule frémissante de douleur, fut conduit au cimetière commun. Là, dans une même fosse, ils furent déposés l'un près de l'autre, ayant pour tout linceul leurs vêtements ensanglantés.

EPILOGUE

Rentrée des religieux et des élèves à Arcueil. — Service et oraison funèbre par le R. P. Perraud, le 2 juillet.— Bénédiction du caveau par Mgr Maret et dépôt des cercueils. — Description de la sépulture.

Ce fut le dimanche de la Pentecôte, alors que le triomphe de l'ordre paraissait assuré, que les religieux du Tiers-Ordre apprirent la mort de leurs frères. Bien que préparés déjà par l'annonce du massacre de la Roquette, ils ne s'attendaient pas à être frappés d'aussi près. Une première dépêche, cruellement laconique, fut suivie d'une lettre de M. l'abbé Grancolas, retraçant le tableau de cette horrible scène jusqu'au moment où il avait trouvé un refuge pour lui-même et perdu la trace de ses compagnons. Il savait pourtant qu'il y avait eu des victimes et avait vu tomber les premières, mais il espérait qu'un plus grand nombre, et le P. Captier surtout, avaient été préservés.

Bientôt d'autres lettres arrivèrent, écrites par ceux qui avaient recueilli les corps massacrés, et on ne put douter de l'étendue du sacrifice que la Providence imposait aux Dominicains : ils perdaient cinq de leurs frères des plus vaillants et des meilleurs, et avec eux huit auxiliaires, maîtres et serviteurs dévoués qui avaient partagé leur sort. Ce coup fut d'autant plus rude qu'il avait été moins prévu. Dans les départements, à une certaine distance de Paris, l'horreur de la Commune et ses dangers ne furent bien sentis que dans les derniers jours. Le ridicule cachait et atténuait l'horrible pour ceux que n'atteignait pas encore le contre-coup de ses fureurs. Le P. Captier dans ses dernières lettres affectait une confiance qu'expliquait son abandon complet aux décrets de la Providence, et il avait réussi jusqu'à un certain point à la faire partager à ses frères éloignés, comme il communiquait son courage à ceux qui l'entouraient. Lorque ces lettres fréquentes et régulières cessèrent tout à coup, on s'en étonna peu d'abord. La difficulté et le trouble des communications suffisaient amplement à expliquer un retard. Ce fut par les journaux qu'on apprit la captivité des religieux d'Arcueil, peu de jours avant leur mort. Epargnés jusqu'au dernier moment, il semblait qu'ils dussent être sauvés :

les services rendus pendant la guerre et depuis
l'insurrection ne pouvaient être oubliés. Aussi,
c'est avec l'espoir fondé en apparence, non-seulement de revoir ses frères, mais de leur faire facilement parvenir du secours et de leur trouver des
protecteurs que le T. R. P. Lécuyer, accompagné
du P. Houlès, était parti d'Oullins, où il avait reçu
la nouvelle de l'arrestation. Mais Dieu ne voulait
pas que ses serviteurs eussent d'autre consolation
que leur mutuelle charité. Du premier jour de leur
captivité jusqu'à celui de leur mort, ils ne reçurent
pas un encouragement, pas une lueur d'espoir humains. Le temps avait manqué aux rares personnes
qui connurent leur sort pour risquer aucune tentative. Au moment où les Pères quittaient Oullins,
le massacre était déjà consommé. Ils en avaient entendu la nouvelle à une des stations de leur voyage,
et elle leur fut confirmée à Versailles, où ils s'ar-
rêtèrent à peine, pressés qu'ils étaient de visiter la
tombe de leurs frères martyrs.

Huit jours étaient à peine écoulés qu'Arcueil
avait déjà repris son ancienne allure. Les religieux
qu'une absence providentielle avait préservés, les
maîtres et les élèves que la tourmente n'avait pas
entraînés et fixés trop loin de Paris, se trouvaient
de nouveau réunis dans cette maison qui gardait à

peine quelque trace du sinistre passage des meurtriers. De nouveau les amis anciens, et ceux que Dieu envoie pour consoler les sacrifices, vinrent reconnaître et saluer les survivants, et pleurer les morts. Dès l'entrée, leurs regards émus cherchaient au milieu des élèves, sous les ombrages du parc, les chers absents. En réponse à leurs muettes interrogations, on les conduisait dans une salle de l'école transformée en chapelle ardente. Il eût fallu être bien sceptique ou bien endurci pour ne pas s'agenouiller devant ces douze cercueils rangés le long des murailles tendues de noir. Au milieu s'élevait celui du P. Captier, qui semblait présider dans le repos ceux que son exemple avait entraînés dans le sacrifice. En face de ces glorieuses dépouilles était dressé un autel, où pendant un mois le corps et le sang de Jésus-Christ furent offerts chaque matin pour la complète rédemption de ceux qui avaient répandu leur sang en témoignage de leur foi. Pendant ce temps on préparait une sépulture dans l'enceinte même de l'école. Les travaux qu'elle nécessitait ne pouvant être achevés que dans un certain délai, on n'attendit pas ce moment pour rendre aux vénérés défunts la solennité des funérailles chrétiennes dont ils avaient été privés dans la précipitation et le trouble du premier ensevelissement. Le 2 juillet, l'église paroissiale d'Arcueil réunit dans son enceinte trop étroite une assistance nombreuse autant que sympathique, où manquaient cependant, retenus par l'éloignement, bien des cœurs amis et dévoués, présents du moins par le souvenir et la prière. Toutes les affections, toutes les reconnaissances étaient rappelées par les divers groupes d'assistants. Encore revêtus de l'uniforme militaire, les jeunes gens, en grand nombre, disaient le passé d'Oullins, de Sorèze, d'Arcueil : à côté de leurs enfants se pressaient les pères et les mères de famille. Des hommes du monde de toute profession dont les noms rappellent la science, le talent, la charité; des prélats, des prêtres et des religieux se trouvaient réunis comme pour attester le prix de cette mort, la valeur chrétienne et bienfaisante d'une telle existence, presque toute consacrée à un humble labeur.

Quelques-uns ne connaissaient guère la vie des martyrs d'Arcueil que par le sacrifice qui l'avait terminée. Ils en attendaient l'explication : elle fut donnée par le R. P. Adolphe Perraud (1). Uni au P. Captier, moins par des relations fréquentes que

---

(1) Aujourd'hui évêque d'Autun.

par la communauté des idées généreuses et d'un labeur infatigable, il avait eu récemment l'occasion d'étudier la grande âme qu'il allait peindre dans les travaux de la commission d'enseignement supérieur qui les avait rapprochés. Le maître de la science sacrée avait reconnu un émule dans l'habile instituteur de la jeunesse : l'apôtre de toutes les œuvres de dévouement, le prêtre austère et modeste était fait pour comprendre et retracer l'immolation et l'humilité du religieux. La résignation chrétienne aux décrets de la Providence n'exclut pas les regrets et ne les défend même pas. Aussi l'orateur, demandant compte de ce sang répandu à Dieu qui en avait exigé l'holocauste et aux hommes qui l'avaient consommé, traduisit les plaintes de l'auditoire et les siennes par les paroles inquiètes et chagrines des apôtres au divin Maître : *Ut quid perditio hæc* (1) ?

— Pourquoi ces hommes apostoliques nous ont-ils été enlevés ? Pourquoi les avons-nous perdus ?

« Oui, ajoutait-il, en présence de cette sanglante tragédie, devant ce massacre barbare, en face de ces cadavres sur lesquels s'est exercée, même après la

---

(1) Ce discours a été imprimé au commencement du volume *Discours et conférences sur l'éducation* par le P. Captier. (Paris, Adrien Le Clerc, 1872.)

mort, la rage des bourreaux, le cri instinctif de la nature est de se plaindre. *Ut quid perditio hæc?...* »

Ayant ainsi, à l'exemple des saints eux-mêmes et suivant le conseil de l'Apôtre, pleuré avec ceux qui pleurent, le Père aborda la seconde partie de sa tâche en arrêtant l'effusion de tant de douleurs par le grand mot de S. Paul : *Mori lucrum*.

« Oui, dans ce sacrifice terrible il y a un gain pour nous qui restons.

« Que gagnons-nous donc à la mort de nos valeureux martyrs ?

« Un grand exemple qu'ils nous laissent ; le prix de leur sang qu'ils nous appliquent ; le bienfait de leur intercession qui nous est assuré. »

La conviction touchante de l'orateur, en développant cette dernière partie de son discours, gagnait sans peine l'auditoire, dont les regards ne quittaient la chaire que pour rencontrer au-dessus de l'autel une autre explication du sacrifice des martyrs, dans l'inscription reproduisant le cri immortel du P. Captier : *Pour le bon Dieu !*

Un mois plus tard, le caveau destiné à renfermer les dépouilles des victimes étant terminé, elles y furent déposées, sans autre cérémonie que les dernières bénédictions de l'Église, données en présence des religieux, des élèves et du personnel de l'école par Mgr Maret. Il appartenait au bienveillant prélat, dont la présence avait si souvent honoré les fêtes d'Arcueil, de présider à cet adieu terrestre et de conduire au lieu du repos ceux dont il avait encouragé les labeurs.

La tombe qui renferme les corps du P. Captier et des compagnons de son martyre a été creusée dans une sorte de rotonde, servant autrefois de lieu de repos et située à l'angle du parc qui borne le chemin de fer et la route d'Arcueil. A cause de l'étroit espace dont on pouvait disposer, les cercueils ont dû être superposés en trois rangées : au fond et au milieu les PP. Captier, Bourard, Delhorme et Cotrault ; à droite le P. Chatagneret, MM. Gauquelin, Voland et Aimé Gros; à gauche, MM. Marce, Cathala, Dintroz, Cheminal. Une ingénieuse disposition a fait entre-croiser les cercueils de telle sorte que les têtes des victimes se trouvent réunies sous l'autel en marbre blanc dressé au-dessus et au centre du caveau. On y a gravé la devise désormais si chère : *Allons, mes amis, pour le bon Dieu!*

Un riche dallage de marbre de diverses couleurs recouvre le sol et la chapelle funéraire. La voûte est ornée de caissons présentant les noms des martyrs, entrelacés par des palmes et des rosaires.

Sur la frise, à droite et à gauche de l'autel, on lit ces deux versets des saintes Écritures :

CORPORA IPSORUM IN PACE SEPULTA SUNT,
ET NOMEN EORUM VIVIT
IN GENERATIONEM ET GENERATIONEM (Eccli. XLIV, 14)

ILLI VIRI MISERICORDIÆ SUNT QUORUM
PIETATES NON DEFUERUNT,
CUM SEMINE EORUM PERMANENT BONA (Eccli. XLIV, 11)

Une porte en fer, à jour dans la partie supérieure, ferme l'entrée. Au-dessous de l'écusson aux armes de l'école, la croix rouge de Genève avec la palme des martyrs brochant sur le tout, on lit cette devise tirée de l'office de Ste Agathe, qui résume si bien la pensée de leur sacrifice :

MENTEM SANCTAM
SPONTANEAM
DEO HONOREM ET PATRIÆ
LIBERATIONEM.

Une peinture symbolique, empruntée aux souvenirs des Catacombes, orne l'imposte : deux colombes buvant à la même coupe.

De chaque côté de la porte se trouvent deux

tables de marbre noir portant : à droite, les noms et les titres de chacune des victimes ; à gauche, l'inscription suivante :

†

CEUX QUI REPOSENT EN CE LIEU
SE SONT DÉVOUÉS JUSQU'A LA FIN,
AU PÉRIL DE LEUR VIE,
AU SOULAGEMENT DES VICTIMES
DU PREMIER ET DU SECOND SIÉGE DE PARIS,
APRÈS QUOI ILS ONT ÉTÉ ARRÊTÉS,
LE 19 MAI 1871,
PAR CEUX MÊMES QUI AVAIENT REÇU LEURS SOINS,
EMPRISONNÉS PENDANT SIX JOURS,
ET SOUMIS A TOUTES SORTES DE PRIVATIONS
SANS QU'AUCUNE FAUTE LEUR FUT REPROCHÉE.
ILS ONT ÉTÉ MASSACRÉS
A L'AVENUE D'ITALIE, LE 25 MAI 1871,
PAR ORDRE DE LA COMMUNE DE PARIS,
EN HAINE
DE LA RELIGION CATHOLIQUE

†

DIEU PRENNE EN PITIÉ
LEURS MEURTRIERS.

†

Une première grotte formée de rochers artificiels sert de vestibule à celle que nous venons de décrire; une croix la surmonte, pour indiquer à tous sa religieuse destination. D'ailleurs de nombreuses couronnes et des emblèmes de toutes sortes accrochés à ses parois ou déposés à l'entrée, des fleurs pieusement entretenues et renouvelées, rappellent assez le précieux dépôt confié à cette terre bénie, pour les jours de la résurrection.

Avant la catastrophe qui a donné lieu à sa transformation, la grotte du tombeau abritait chaque année un reposoir de la Fête-Dieu. Maintenant, sur la dépouille des martyrs, l'Hostie divine est offerte à certains jours pour la rémission des péchés, pour le triomphe de l'Eglise et le salut de la France. Non-seulement les anciens amis du P. Captier et de ses compagnons, mais encore des étrangers attirés par le parfum de leur sacrifice, visitent ce tombeau avec le même respect que l'on apporte aux catacombes de Rome. Aux jours les plus solennels de l'année, on y conduit les élèves de l'école, afin de leur apprendre dans une courte et suprême leçon qu'il doivent, eux aussi, se préparer à vivre et à mourir POUR LE BON DIEU.

Nous voudrions pouvoir espérer, en terminant

ce récit, que la noble et sainte physionomie du P. Captier y sera reconnue par ceux qui l'ont approché comme ses disciples et comme ses amis. Puissent-ils la trouver conforme à leurs souvenirs; puissent ceux qui la rencontreraient pour la première fois apprendre à vénérer et à bénir sa mémoire! Elle a droit, en effet, à leur reconnaissance, puisque l'œuvre de l'éducation, qui fut celle du P. Captier, intéresse toutes les âmes chrétiennes. Il y excella en faisant concourir à ce but unique de sa vie les grâces reçues de Dieu et les vertus développées par le travail. « Il nous apparaissait, dit son éloquent panégyriste, comme un des hommes que la Providence avait le mieux préparés à soutenir, à défendre, à honorer parmi nous le drapeau de l'enseignement libre et chrétien. » Il apporta dans cette mission une constance absolue et un entier dévouement.

Dès qu'il eut pris possession de lui-même par la conscience de sa vocation, le P. Captier se rendit à l'appel de Dieu, et, s'étant une fois donné, il ne songea pas un seul instant à se reprendre. Jamais le doute, jamais le moindre regret n'entrèrent dans cette âme qui avait fait de la fidélité religieuse la passion de sa vie. En elle, le dévouement et la générosité, loin d'avoir eu leur plus haut point à l'âge exalté de la jeunesse, ne firent que grandir et se développer dans les désillusions et les entraves qu'apportent les événements et le commerce des hommes. Le P. Captier ne connut pas de limites au devoir religieux du sacrifice. Heureux et trop rares, hélas! ceux qui, ne mettant aucune restriction au don d'eux-mêmes, méritent ainsi de devenir les instruments des œuvres divines!

« Non, Seigneur, s'écrie la grande Thérèse dont notre martyr aimait à méditer les écrits et enviait les ardeurs ; non, Seigneur, il ne tient pas à vous que ceux qui vous aiment n'exécutent de grandes choses. L'obstacle, c'est notre lâcheté, notre pusillanimité. Nous ne savons rien entreprendre pour votre gloire, sans y mêler mille craintes, mille considérations humaines. Voilà pourquoi, ô mon Dieu! vous ne déployez ni la puissance de votre bras, ni la grandeur de vos merveilles; car qui a plus de plaisir que vous à donner, lorsque vous trouvez sur qui répandre vos largesses, et qui récompense les services reçus avec plus de magnificence (1)?...»

Il a été donné au P. Captier d'exécuter de grandes choses pour Dieu, parce que la crainte n'eut jamais de part à ses résolutions, et que les con-

---

(1) *Livre des Fondations*, ch. 2.

sidérations humaines, s'il ne pouvait les négliger tout à fait, furent toujours subordonnées dans son esprit à celles des intérêts spirituels. Sans doute une énergie remarquable et une profonde sagacité peuvent expliquer dans une certaine mesure le succès des entreprises du P. Captier. Mais les qualités précieuses, déposées dans son âme comme un germe que devait féconder la grâce, apparaissent comme dominées et transformées par les vertus surnaturelles. — Là était le secret de ce quelque chose d'irrésistible, si frappant dans le P. Captier quand on l'abordait pour la première fois ; là encore la réponse aux étonnements de ses compagnons d'enfance lorsqu'ils ont peine à reconnaître dans ses œuvres viriles le condisciple obscur qui promettait si peu ; là enfin se montrait la merveille incessante de la foi transformant et complétant la raison humaine, « toujours courte par quelque endroit », et de la toute-puissance de Jésus-Christ se communiquant à ceux qui le suivent, agissant en eux et par eux. La foi, voilà le trait le plus profond et le grand caractère qui résume toute cette vie. C'est la foi qui a fait l'éducateur et le prêtre, le fondateur et le religieux, le martyr enfin. Et parce que le propre de la foi est de survivre aux croyants et surtout aux martyrs, celle du P. Captier perpétuera et fécondera l'œuvre à laquelle il a donné son travail et son sang. Car pendant que la moisson se multiplie, ce sang et cette foi demandent sans cesse au Seigneur de choisir des ouvriers qui soient dignes et capables de la recueillir.

FIN.

TABLE DES MATIÈRES

CHAPITRE PREMIER

Les parents d'Eugène Captier. — Sa première éducation dans la famille. 1

CHAPITRE II

Oullins. — La première communion. — Mort de Mme Captier. — Les premiers maîtres d'Eugène. — Son caractère et ses aptitudes commencent à se manifester. 13

CHAPITRE III

Retour d'Eugène dans sa famille. — Mlle Anaïs Captier. — La vocation d'Eugène se manifeste. — Séjour à Paris ; retour à Oullins. — Il entre au séminaire de Saint-Sulpice, que sa santé l'oblige à quitter bientôt. — Premiers essais d'enseignement à l'externat de l'Enfance. 31

CHAPITRE IV

Le Tiers-Ordre enseignant. — Pensées et premiers projets du P. Lacordaire sur l'éducation. — Projets analogues des fondateurs d'Oullins. — Cession du collége au P. Lacordaire. — Noviciat des quatre premiers religieux. 49

CHAPITRE V

Prise de possession d'Oullins par le Tiers-Ordre. — Difficultés du commencement. — Le P. Captier professeur, puis économe et surveillant. — Ses rapports avec les enfants. — Lettres à sa famille. — Il est appelé à Sorèze pour y être maître des novices et censeur. 69

CHAPITRE VI

Le P. Captier revient à Oullins en qualité de Prieur. — Comment il surmonte les difficultés de sa position. — Il fortifie les études et la discipline. — Ses rapports avec les familles. — Les moyens d'émulation. — Les récréations et les fêtes. — La direction des élèves. — Vie intérieure du P. Captier, son désir du *martyre*; influence exercée sur les jeunes gens. 95

CHAPITRE VII

L'exercice de la charité par la conférence de Saint-Vincent de Paul. — La fête des conférences. — Les visites des anciens élèves à Oullins. — Correspondance du P. Captier avec ses enfants. — La fête du 18 juillet. 123

CHAPITRE VIII

Mort du P. Lacordaire et difficultés qui en résultent pour le Tiers-Ordre. — Installation du noviciat à Chalais. — Le P. Captier se démet du priorat d'Oullins. — Son séjour à Chalais. 143

CHAPITRE IX

La fondation d'Arcueil est décidée. — Opposition du gouvernement et premières démarches du P. Captier. — Il s'installe à Arcueil (juin 1853) et ouvre l'école (12 octobre) malgré la continuation des difficultés. — Signification de la fermeture de l'école et protestation des directeurs. — Sécularisation extérieure et momentanée. 157

CHAPITRE X

Développement d'Arcueil. — Idées du P. Captier sur l'éducation du collége, son action sur les familles et sur ses collaborateurs. — Il prend part à la fondation de la *Société générale d'éducation et d'enseignement*. — Il est nommé membre du comité de l'*Association philotechnique*. — Son amour et son zèle pour les classes travailleuses. — Pensées du P. Captier sur la manière de combattre l'égoïsme des enfants et de développer leurs vertus. 207

CHAPITRE XI

Voyage du P. Captier à Rome pour l'approbation des constitutions du Tiers-Ordre. — Ses impressions sur les monuments, « *les martyrs* ». — Rencontre et bénédiction de Pie IX. — Retour à Arcueil, établissement de l'école préparatoire. — Discours prononcé à la fête du B. Albert le Grand ; opinion du P. Captier. — Ses conférences à la Société d'éducation. — Il est nommé membre de la commission pour la loi sur l'enseignement supérieur ; part qu'il prend à ses travaux. 227

CHAPITRE XII

La guerre et l'invasion. — Installation d'une ambulance à Arcueil. — Lettre au *Français*. — Le P. Captier s'établit à Paris ; ses occupations, ses jugements sur la situation. — Retour à Arcueil ; il y commence un mémoire sur le Tiers-Ordre. — L'armistice. Le P. Captier apprend la mort de son père et de plusieurs de ses anciens élèves. — La Commune ; réouverture de l'ambulance. — Le P. Captier écrit quatre lettres sur la vie religieuse. — Arrestation des religieux et du personnel d'Arcueil le 18 mai. — La prison au fort de Bicêtre. — La journée du 25 mai, le massacre. — Les corps des victimes sont ramenés à Arcueil. 257

EPILOGUE

Rentrée des religieux et des élèves à Arcueil. — Service et oraison funèbre par le R. P. Perraud le 2 juillet. — Bénédiction du caveau par Mgr Maret et dépôt des cercueils. — Description de la sépulture. 299

Paris. — Impr. JULES LE CLERE et Cⁱᵉ, rue Cassette, 29.

DISCOURS ET CONFÉRENCES SUR L'ÉDUCATION

PAR LE
R. P. CAPTIER
Dominicain du Tiers-Ordre Enseignant
Fondateur et Prieur de l'école Albert-le-Grand à Arcueil
MASSACRÉ LE 25 MAI 1871
Précédés de son Oraison Funèbre
Par le R. P. Adolphe Perraud, Prêtre de l'Oratoire.
Un volume in-18 jésus. (Adrien Le Clere.) **Prix : 4 francs.**

R. P. CHAUVEAU
de la Compagnie de Jésus.

SOUVENIRS DE L'ÉCOLE SAINTE-GENEVIÈVE
NOTICES
SUR LES ÉLÈVES TUÉS A L'ENNEMI
Deuxième édit. — 3 beaux vol. in-18 jésus (Elzévir). **12 francs.**

R. P. DIDIERJEAN
de la Compagnie de Jésus.

SOUVENIRS DE METZ
L'ÉCOLE SAINT-CLÉMENT
SES ÉLÈVES, SES DERNIERS JOURS
2 beaux volumes in-18 jésus (Elzévir). **Prix : 7 fr.**

Charles DE RIBBE

LES FAMILLES ET LA SOCIÉTÉ EN FRANCE
AVANT LA RÉVOLUTION
DEUXIÈME ÉDITION, REVUE, CORRIGÉE ET AUGMENTÉE.
Deux beaux volumes in-18 jésus. **6 fr.**

DEUX CHRÉTIENNES
PENDANT
LA PESTE DE 1720
D'après les Documents originaux
Par Charles DE RIBBE
Un joli volume in-18 jésus (Elzévir). **2 fr. 50**

PAUL ODELIN
Lieutenant au 16e bataillon de la Garde mobile de la Seine
Tué à la manifestation de la place Vendôme, le 22 Mars 1871

VIE ET LETTRES
Un joli volume in-18 jésus (Elzévir) avec portrait. **Prix : 2 fr. 50**

PARIS. IMP. JULES LE CLERE ET Cie, RUE CASSETTE, 29.

www.ingramcontent.com/pod-product-compliance
Lightning Source LLC
Chambersburg PA
CBHW070620160426
43194CB00009B/1323